U0573224

社会科学博士生

专业社会化

研究

郑 觅／著

RESEARCH ON
THE PROFESSIONAL SOCIALIZATION OF
SOCIAL SCIENCE
DOCTORAL STUDENTS

社 会 科 学 文 献 出 版 社
SOCIAL SCIENCES ACADEMIC PRESS (CHINA)

前　言

改革开放以来，我国博士生教育不断发展，实现了高层次人才立足国内培养的战略目标。自国务院学位委员会第三十一次会议提出全面提高研究生教育质量的战略部署以来，博士生教育综合改革不断深入。建设世界一流大学和一流学科，"全面提高人才培养能力"是核心；博士生教育作为高层次人才培养的主阵地，其人才培养质量成为我国研究生教育的重要研究问题。2017年，我国部分高校率先开展博士生教育综合改革试点工作，着力破除制约博士生教育质量提高的体制机制障碍，在整体制度设计上积极借鉴发达国家博士生教育的模式，并结合我国实际，逐步在招生评价、课程改革、科研育人、学籍管理、国际合作、资源配置等方面探索新模式。

世界各国博士生教育在培养制度上具有一定的趋同性，但在不同的国家文化、学科文化、院校文化等深层结构的影响下，各国博士生培养过程的核心要素、交互关系和影响机制可能具有相异性，甚至有"质"的差异，需要深入博士生学习过程和学习体验进一步探索。本书尝试在"专业社会化"的概念框架下，以中美社会科学博士生为对象，研究其习得学术职业必要的知识、技能和价值观的过程，揭示"制度同形"趋势下博士生培养的内在机理。

本书运用"专业社会化"概念框架，对中美社会科学博士生的学习过程和学习体验进行了比较研究，认为博士生专业社会化有两个维度。第一个维度是知识社会化，它涵盖了学生认知的发展和基于特定知识领域与范式的学科社会化过程，即学生从消费已有知识到生产创新知识的知识社会化过程。第二个维度是角色社会化，博士生从门外汉到内行人的过程伴随着博士生对专业角色的认同与承诺，实现从"高级学生"到"初级研究者"的角色转变过程。本书认为博士生专业社会化是知识社会化和角色社会化双重发展的结果。结合研究的发现，本书进一步将博士生的双重专业社会化划分为三个阶段，即作为一个学生的学科知识消费阶段，作为一个准研究者的缄默知识整合阶段，以及作为一个初级研究者的创新知识生产阶段。虽然博士生的专业社会化经历是非线性、动态发展且个人化的，但在整个过程中，仍然有几个核心要素在各个阶段不同程度地影响着博士生的学习经历，它们分别是：博士生的角色认知、知识活动经验、导学关系。通过对中美社会科学博士生的比较研究，本书发现美国博士生教育以制度化培养和结构化经验为主要特点，中国则体现为学徒指导模式，专业社会化程度的个体差异较大。

本书的研究过程得到了秦惠民教授、罗伯特·罗兹教授、殷红博教授、周光礼教授、李娜老师的指导，也得到了参与研究的中、美博士生的支持，访谈中他们每一个人的故事，都丰富了本研究的内容。

目　录

第一章 导言

一 缘起

　　研究社会科学领域博士生这一群体也就是在研究我自己。我也曾是这一群体中的一员，读博期间的经历可能在其他人身上不同程度地复现过，我也曾和所有博士生一样有过迷茫：读博究竟是怎么一回事？社会科学博士生如何学会做研究？在美国访问学习的契机使我意外了解到，很多学者专门从事博士生学习经历和专业发展的研究，他们将博士学习视为一种专业训练，把博士生习得一种符合其角色的价值观、态度、兴趣、技能和知识的过程称为博士生的专业社会化（professional socialization）。专业社会化的概念框架能够较全面地呈现博士生的学习经历和实践，是对博士生内部学习过程和外部环境作用的一个较完整的分析框架。美国学者大多使用这一框架来研究博士生的学习经历，这与美国博士生教育的特殊情况不无关联。福特基金会曾对45所大学的5万多名博士生进行调研并发现，各个学科在 10 年内，博士学位完成率分别是：物理 55%、生命科学 62%、工程 64%、社会科学 55%、人文 47%，平均有近一半的学生未完成学业。美国博士生的高辍学率，也直接导致了博士生教育较高的损耗①率（rate of attrition）。有关研究显示，继 20 世纪 60 年代美国博士生教育规模扩张以来，美国博士生的损耗率已近 50%，而美国社会科学博士生平均完成年限高达 5 ~ 8 年。高损耗率、完成学业年限过长等问题已然成为美国博士生教育的中心议题，而这背后折射出了美国博士生专业社会化过程所面临的一系列难题。

中国学位制度实施 40 年以来，累计授予博士学位近 70 万人，在规模发展的背后，提升博士生教育质量成为我们关注的核心问题。目前对博士生教育质量的研究大多集中在宏观制度和政策层面，而博士生具体的学习过程和学习体验似乎是一个"黑箱"，鲜有学者进行过深入的研究。虽然我国与美国博士生教育面临的问题有所不同，但我认为博士生的学习体验是反映博士生学习过程和培养质量的重要实践活动，进一步深入博士生培养过程，了解博士生学习体验，把握影响博士生培养各环节质量的关键因素，揭示其教育过程的构成要素、交互关系和影响机制，对于完善和创新我国博士生培养模式有着重要意义。

阿特巴赫（Altbach）认为全球化是一种广泛的经济、技术、科学的趋势和力量，全球化的影响是世界范围的，高等教育自然是其中深受影响的一个领域。在全球化影响下，世界各国博士生教育在培养制度上具有一定的趋同性，但在不同的国家文化、学科文化、院校文化等深层结构的影响下，各国博士生培

---

① 一般指博士生中途弃学所造成的个人和公共资源的浪费。

养过程的核心要素、交互关系和影响机制可能具有相异性，甚至有"质"的差异，需要深入博士生学习过程和学习体验进一步探索。我在中国和美国先后经历了博士生的课程学习、与同辈①的交流互动，并获得了不同导师的学术指导与学术支持，同时体验了两所学校各自的学院氛围与校园文化，这种跨文化的学习经历带给我一定程度的冲击，引发了我的思考：为什么在两国趋同的博士生培养规范下，博士生的经历和体验却有很多差异，博士教育的主体对规则和程序的理解和行为模式也有很大的不同？通过在中美两国大学的亲身经历，我发现微观层面的行动主体，也就是博士生，对培养过程中的各种情境注入的来自文化—认知层面的意义，构建了他们的认知框架和行为模式，这似乎是中美博士生专业社会化差异的重要事实。因此，我希望通过对中美博士生的观察和访谈，了解他们的专业社会化过程，理解中美各自的博士生行为和认知模式中的一些共同意义，并探讨如何在尊重我国博士生培养的文化—认知特性的基础上完善我国博士生培养制度。

除了全球化的影响，知识生产方式的变革也对博士生教育产生了重大影响。根据吉本斯（Gibbons）等人的研究，当今知识生产方式具有独特的跨学科性质，基于实际问题的应用、社会问责都渗透到了知识生产领域，同时，对知识质量的关注已不限于学术本身。知识经济将知识生产视为一种战略，这对博士生的学习目标、学习方式及学术态度等方面都带来了冲击，同时对博士生的知识结构和技能水平也提出了新的要求，它可能已不再局限于学术本身。而随着外界对于博士生的关注与问

---

① 本书"同辈"一词，是指博士生的同学或同为博士生的朋友。

责日益增加，对博士生的价值以及对他们无法满足社会需求的负面评价可能只会有增无减。而对于这些变化，我们需要深入博士生们的学习活动与实践，一探究竟。

二　背景

作为一种学位制度的博士生教育发轫于西方，它最早起源于中世纪欧洲的一批大学，例如意大利博洛尼亚大学、法国的巴黎大学，以及当时英国的牛津大学和剑桥大学。博士学位最初是一种进入教师行会的资格凭证，目的是培养在行会中教授知识的老师。而现代意义上的学位制度形成于德国，标志是1809年洪堡在创立柏林大学时确立的学术独立和学术自由的理念和大学追求真理、发展学术的使命，以及将教学与科研统一于一体的实践。现代大学与传统（中世纪）大学的根本区别就在于大学职能的转变。传统大学是传授已有知识的场所，将研究和发现知识排斥在大学之外，而现代大学则将科学研究作为自己的一项重要职能，将增扩人类的知识和培养科学工作者作为自己的基本目标。① 为了培养科研接班人，研究型博士生的培养在当时迅速发展起来。美国在德国经验的基础上，将这种博士生培养模式本土化，1876年，霍普金斯大学成立研究生院，开启了美国对博士生的专业化培养，该培养模式对课程与科研同样重视，并创设研究生院制度培养博士生，逐渐形成了目前世界上被公认为最成功的博士生教育体系，被多国效仿。

---

① 陈学飞：《西方怎样培养博士——法、英、德、美的模式与经验》，教育科学出版社，2002，第3页。

在我国，"博士"自古有之，古代的博士在不同朝代指代不同的群体，或指一种学官名，或指精通某种技艺或专司某种职业的人，和今天的作为一种学位制度的博士有着不同的含义。我国真正意义上建立以欧美模式为基础的现代学位制度只有很短的历史，国民政府于1935年颁布的《学位授予法》规定"我国学位仿英美学制为学士、硕士和博士三级"，标志着中国现代意义上的博士生学位制度历经30多年的不断修正和充实，基本成型，但由于抗日战争的爆发，这套制度并未落实。① 新中国成立后，我们开始全面学习苏联，建立了苏联的"副博士"制度，后因意识形态的分歧而废止。改革开放以后，我国博士生教育重获生机，1981年1月1日起正式实行《中华人民共和国学位条例》，规定我国学位分为学士、硕士、博士三级，并形成了现有的研究生培养制度的构架，至此我国也开始探索自己的博士生教育发展之路。

1. 美国博士生培养的制度体系

美国社会科学博士生培养的基本模式可以用图1来呈现。

美国学生结束四年本科学习取得学位后，个人均有资格申请研究生阶段的学习。如果一个人选择继续攻读博士学位，其有多种不同的培养方式可以选择。有些培养计划的程序是先获得一个硕士学位继而申请继续读博士，大多数种类的培养计划则允许申请者直接攻读博士课程。博士生培养计划的批准需要经过严格的审查，一般而言，四分之一的申请者可以通过。博士招生标准基于本科成绩（GPA）、国内研究生入学考试成绩（GRE）、本科阶段教授们出具的推荐信以及一份研究计划。对于社会科学博士生而言，典型的培养计划包含三年的课程学

---

① 参见徐希元《当代中国博士生教育研究》，知识产权出版社，2006，第49页。

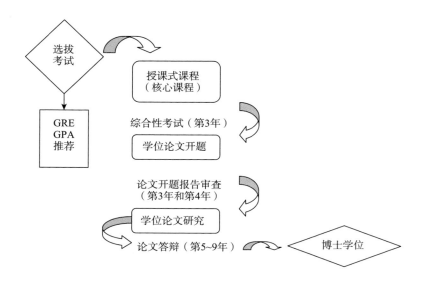

图1　美国社会科学博士生培养基本模式

资料来源：Maresi Nerad & Mimi Heggelund 编《博士生教育全球化：动力与模式》，李毅、张国栋译，上海交通大学出版社，2010，第204页。

习——主要是学术专题研讨课。许多博士生课程需要完成一定数量的核心课程，外加相当多的选修课程。这一阶段学习结束的标志是参与资格考试，撰写一篇可以公开发表的论文。结束这些考试并完成可发表论文后，学生开始着手学位论文开题报告，其后便会专注开展他们的原创性研究。在社会科学领域，博士生在开始着手论文时就选择好主要的导师和学术委员会。学位论文的完成绝大多数情况是由学生向学位委员会做一个正式的陈述报告，学位委员会由3～5名老师组成，其中至少一人是校外的。①

　　美国模式的特征体现在三个方面。其一是研究生院制度。

---

① 参考 Maresi Nerad & Mimi Heggelund 编《博士生教育全球化：动力与模式》，李毅、张国栋译，上海交通大学出版社，2010，第195页。

美国建立起了以跨系科、专司研究生教育管理职能的研究生院和以学院性的、专门进行某一具体学科教育的研究生院（例如教育学院、社会学院等）相互结合、分层管理的模式。研究生院制度将美国的四年本科教育和研究生教育分离开来，使得研究生教育更加专业化，大学的学术科研使命更为凸显。学校层面的研究生院对研究生教育主要进行宏观管理，例如学位点审批、财政支持、学位授予、质量监督等事宜。此外，研究生院还通过制定政策和程序确保财政支持，以及改善质量保障的机制。研究生院支持了智力发展，倡导教师在其岗位上成为导师，也在降低辍学率、按期毕业、职业生涯发展以及博士生工作安排等问题上为研究生服务。在一所大学，具体的有关研究生的培养工作则放权于各学院和各系所，例如课程设置、研讨会设计、考试组织、论文答辩等事宜，这一层级构成了培养博士生的实质性场所，因此，各学院和系所在培养博士生的各个环节上都有较多的自主性。

美国模式的另一个特征是重视课程训练，并将课程学习和课题研究有机地结合起来。美国的许多科学研究中心主要设在大学，大学是获得科研经费的主要机构，通常一个学科专业的博士生招生规模与研究的课题经费紧密相关，具有充足的科研经费就可以多招学生，学生可以依靠充足的经费资助完成学业；有的导师根据自己的科研方向招生，许多博士生入学后就参与到指导教师的科研工作中，成为课题组的成员，学生在课程学习的过程中就能够将自己的科研结合起来，课程汇报或课程论文一般都与自己的研究课题或兴趣相关，因此课程学习也非常具有针对性。美国对博士生有严格的课程要求和考核，学生在结构严谨的课程学习中打下了坚实的学科基础。

美国模式的第三个特征是实行导师与指导委员会相结合的博士生指导制度。学生在入学后根据对本专业师资力量的研究，结合自己的兴趣自主选择，确定自己的主要指导教师和博士生指导委员会成员——其中至少有一位来自其他相邻学科。指导教师、指导委员会以及任课老师形成合力，对学生的学习和研究发挥直接的指导作用。

近年来，博士生教育在全球呈现出一种制度融合、趋于同形的趋势，这既是全球化对高等教育的影响，也是各国应对高等教育国际化所选择的策略，使得各国高等教育既要具有参与国际竞争的优势，也要增强自身实力以及对人才的吸引力。

2. 我国博士生培养的制度体系

我国现有的博士生教育源自西方，其框架体系基本上是建立在欧美模式原型基础之上的。近 40 年来，我国博士生教育在渐进改革的过程中也呈现出与世界其他国家博士生教育制度同形的特征。

我国目前实施的是以"博士点"为单位的博士生培养体制。新中国学位制度实施之初，高等学校和科研机构按照国务院学位委员会、国家教育委员会（后改为教育部）颁布的《授予博士、硕士学位和培养研究生的学科、专业目录》所列的学科、专业提出博士点申请。随着中国学位制度的发展、改革和完善，新增博士点的审核程序经历了审核权逐步下放和审批流程简化的改革历程。2005 年，我国对博士学位授权审核体制进行改革，北京大学、清华大学等经批准从 2005 年开始可自行审核博士学位授权。2008 年之后，根据国务院学位委员会第二十五次会议审议通过的《博士、硕士学位授权审核办法改革方案》，已有学位授予单位增列博士学位授权学科专业，除国务院学位委员会委托其开展自行审核工作的单位外，由国务院学位委员会组织审核。"博士点"的培养体制具有教师资源集中、教育条件优良、学术资源丰富等优势。在以"博士点"为单位的培养体制下，我国实行"博导制"，即博士生指导教师的遴选制度，博士生导师的本质是一个教育工作岗位设置，在博士生培养的学科或单位中，博士生指导教师队伍是一个重要的群体，它不仅关系博士研究生的培养质量，而且体现了一所院校的科研水平和整体学术地位。

《中华人民共和国学位条例》第六条规定，高等学校和科学研究机构的研究生，或具有研究生毕业同等学力的人员，通过博士学位的课程考试和论文答辩，成绩合格，达到下述学术水平者，授予博士学位：（一）在本门学科上掌握坚实宽广的基础理论和系统深入的专门知识；（二）具有独立从事科学研究工作的能力；（三）在科学或专门技术上做出创造性的成果。对博士生在知识、技能和创新能力上提出了较高的要求。《中华人民共和国学位条例暂行实施办法》对博士学位课程考试和论文答辩等要求做了详细规定。全国各大高校在此基础上，纷纷研究出台各自的博士生培养方案。经过40年来的发展，我国博士生教育在培养目标、招生选拔、导师指导、课程设置和教学、科研训练与学位论文方面已经逐渐形成了基本模式。

我国的博士生培养目标是培养全面发展的高层次学术人才，为学术机构输送师资和研究人员。随着知识生产方式的转变，专业博士也不断发展，但总体来看，仍然以学术型博士生培养为主。在招生入学方面，教育部下达招生计划，由高校自主招收博士生，具体方式有公开招考、提前攻博、硕博连读、直接攻博等多种，根据学生的知识和能力水平，择优录取。导师对博士生的指导方式以个人指导（导师负责制）为主，辅之以导师组集体指导。在课程和教学方面，各学校对博士生的基础理论课、专业课及方法课等都有明确的学分要求，很多学科开设了选修课程，课程以讲授、课堂研讨等方式开展，课程考核多以笔试和提交课程论文为主。在科研训练方面，学生通过申报课题、参与导师课题、参与学术会议、参与学术研讨和沙龙等途径获得不同程度的训练。一般要求博士生先通过中期考试（或称综合考试）之后，才能有资格申请开题，开题通过后便进入论文撰写阶段。博士生的学位论文经盲审环节，征得导师同意后可申请答辩。

自国务院学位委员会第三十一次会议提出全面提高研究生教育质量的战略部署以来，博士生教育综合改革不断深入。建设世界一流大学和一流学科，"全面提高人才培养能力"是核心；博士生教育作为高层次人才培养的主阵地，其人才培养质量成为我国研究生教育的重要研究问题。2017年，部分高校率先开展博士生教育综合改革试点工作，着力破除制约博士生教育质量提高的体制机制障碍，在整体制度设计上积极借鉴发达国家博士生教育的模式，并结合我国实际，逐步在招生评价、课程改革、科研育人、学籍管理、国际合作、资源配置等方面探索新模式。清华大学邱勇指出，博士生培养质量的提升是大学办学质量提升的重要标志，学术精神的培养是博士生教育的根本，独创性和批判性思维是博士生最重要的素质，提高博士生培养质量有赖于构建选拔、指导、交流、评定的全方位博士生教育体系。清华大学博士生教育综合改革从立德树人、规范导学、推行"申请—审核"制、创造学术环境、培养机制、国际化、跨学科研究、学术评价体系、学生调查等方面全面推行，在具体做法上，制定《博士生导师学术指导职责参考指南》，启动博士生指导教师研修班，全面推行"申请—审核"制，试点开展"博+硕"兼修硕士学位项目，试点运行"研究生教学能力提升证书"项目，开展博士生科研体验调查和毕业调查等，在我国博士生培养改革中具有开创性，营造了全校师生积极参与教育教学改革的良好氛围。南京大学围绕立德树人的根本任务，系统探索博士生培养全过程质量提升的有效机制，形成了面向培养全过程的"四三三"博士生培养模式，即"四阶段分类"、"三质量控制"、"三激励机制"。"四阶段分类"是指博士生阶段分为预锁定、硕士生、博士生和弹性延长等四个阶段；"三质量控制"具体指入口优化、过程把关和出口弹性；"三激励机制"具体为分阶段、分类型、分层次的激励机制。该机制着力改革实践中"关键环节难贯通、培养模式难融合、规模化实施难推进"等顽症，为当前我国博士研究生教育综合改革提供参考和借鉴。中国人民大学在深化博士生教育综合改革的过程中，着重突出博士生人才培养的质量核心，强调"培学术精神，养学术襟怀，立学术理想，强创新能力"的学术精英培养理念，在"申请—审核制"招生模式改革、严格控制在职博士生的录取比例、博士生学制四年制改革、硕博连读培养模式试点范围的扩大、博士点学科专业主文献制度、博士生学科综合考试制度改革、博士学位论文预答辩制度、优秀博士生培养计划与中国人民大学储备人才计划的衔接等方面加大改革的力度，全面提升中国人民大学博士生人才培养质量。

3. 文化—认知：一种研究视角

我们通常将制度理解为正式的法律结构和规范，但这种制度分析倾向于将制度看作是不依赖于人的行动而独立存在的具体结构。然而，社会学新制度主义理论认为，制度的核心要素是文化—认知要素，要让制度独立地存在于"那里"，它们首先必须被社会性地建构"于此"，即建构于个体行动者的头脑当中，只有被个体的认知行动赋予了意义之后，制度才真正具备作为客观社会结构的作用，"内在的"理解过程是由"外在的"文化框架塑造的。这正是本书研究文化—认知视域中的博士生专业社会化的必要性。在博士生培养制度在各国趋于同形的趋势下，我们再也不能将视线仅仅停留在宏观的制度和政策层面，而是要具体和深入地了解博士生的学习经历，博士生的专业社会化成功与否是检验博士生培养制度有效与否的重要标准。

伯顿·克拉克（Burton R. Clark）指出，学术系统的文化主要来源于学科文化、院校文化、专业文化和全国系统文化四种渠道。学科文化在斯诺（Snow）关于自然学科领域和人文学科领域的"两种文化"的命题中被提出；克拉克也指出，每一学科都有一种知识系统（思想范畴）和相应的行为准则，刚刚进入不同学术专业的人，实际是进入了不同的文化宫，在那里，他们分享有关理论、方法论、技术和问题的信念。① 比彻（Be-

---

① 伯顿·克拉克：《高等教育系统——学术组织的跨国研究》，王承绪等译，杭州大学出版社，1994，第87页。

cher）从知识的特性出发，将人们的注意力引向学术领域的认知特征和研究群体的社会特征。比彻基于研究人员对某一特定理论体系或研究范式的认同程度，提出了包含四个领域的知识分类框架：纯硬学科、纯软学科、应用硬学科和应用软学科，每种学科类型基于自身知识特性和学科范式的不同，形成了不同的"学术部落"，每一个学术部落都呈现出不同的学术生态——有些通过实物形态体现；有些通过成员和制度的特殊性体现；还有些通过各种传统、习俗与实践，传播的知识、信仰、道德标准与行为准则，以及他们进行交流的语言形式、符号形式和共享的意义等各种文化性明显的元素整合力量来体现。[①] 某一具体学科的博士生群体的态度、活动以及认知风格与他们所研究的知识领域的特点、结构紧密相关，受到了学科文化的深刻影响。此外，大学及其学院作为独特存在的组织，也提醒着我们，组织也是一种文化的制定和传递者，这就是克拉克所指的院校文化。蒂尔尼（Tierney）等人认为，组织文化的重要作用在于，教给组织成员如何行事、有何期望，以及什么意味着成功和失败。组织新成员的任务就是学习组织的文化并弄明白如何运用它。组织社会化就是新成员对组织文化的理解与吸收的过程。[②] 组织社会化通常要经历两个阶段，首先是预期社会化阶段，它通常在人们决定进入一个组织之前就开始了，因为人们会通过选拔与招聘等环节先了解这个组织。当人们成功地进入组织后，也就进入了角色延续阶段；在这一阶段，组织成员通过经历一系

---

① 托尼·比彻、保罗·特洛勒尔：《学术部落及其领地——知识探索与学科文化》，唐跃勤、蒲茂华、陈洪捷等译，北京大学出版社，2008，第50页。

② Tierney W. G. , "Organizational Socialization in Higher education," *The Journal of Higher Education* 68 (1) (1997): 3.

列重要的社会化过程，决定是否继续留在组织中，并接受组织文化的价值观、态度和信仰。这个过程是双向对话的，即一方面组织新成员学习着组织的价值观、规范和行为准则，另一方面他们也将自己的价值观、期望和观点带到组织中并对组织产生影响。[①] 与组织所提供的直接的学术文化相比，整个学术专业则提供了另一种不太确定的文化，例如强调个人自主与学术自治、强调学术道德与学术精神等，这种专业文化也会不同程度地影响博士生的专业角色认知及对专业的认同和承诺。克拉克所指的全国系统文化，涵盖了阿尔弗森（Alvesson）所指的"大文化"（典型的民族文化，即民族特性或民族传统），它对包括大学在内的学术机构的实践、价值观和态度等都有一定的影响；这种"大文化"深刻影响了克拉克所谓的"高等教育系统"的整个文化信念。比彻也认为文化潮流从外在环境向大学的"流动"对学术活动、学术价值和学术态度都有相当大的影响，这些潮流包括标准、价值观和反复出现的实践活动等。[②] 上述的几个文化圈层并不是相互独立的，全国系统文化以一种强大的渗透力，影响着学术文化与组织文化，而学术文化和组织文化又相互塑造着彼此。

相似的制度，在不同的学科文化、院校文化、专业文化和全国系统文化下可能有着不同的效果，而文化—认知视角探讨的正是在不同的文化背景下人们的认知和行为模式的差异性。

[①] Tierney W. G., Rhoads R. A., *Enhancing Promotion, Tenure and beyond: Faculty Socialization as Cultural Process* (Washington, DC: George Washington University, 1994), pp: 26 – 33.

[②] 托尼·比彻、保罗·特洛勒尔：《学术部落及其领地——知识探索与学科文化》，唐跃勤、蒲茂华、陈洪捷等译，北京大学出版社，2008，第25页。

三 研究设计

1. 质化研究方法

博士生的专业社会化是一个具有较强的过程性、情境性和解释性的问题，是对博士生专业发展的动态过程和阶段的一种呈现，一般需要深入的、细致的、较长时间的体验才能对整个过程有全面的了解。我们很难将其归结至一些量化的指标进行测量分析，也很难仅仅通过哲学思辨或文献研究等方法把这个复杂的过程弄明白。文化—认识视域也强调从微观行动者的角度了解他们自己的看法，通过他们的心理状态和意义建构获得对事物的解释性的理解。基于研究的主要问题和视角，我们认为，质化研究是比较适合本研究的方法，它对于从微观层面对事物进行动态、细致的分析更有效。

在质化研究中有重大影响的两位学者丹曾（Denzin）和林肯（Lincoln）认为，质化研究是将观察者置于一定情境的活动，它由一系列的解释和实践构成，从而使得这个世界再现。在质的研究中，研究者往往作为一种工具而存在，他们试图为自己所见、所闻和所感赋予意义。[1] 在此基础上，学者陈向明认为，质的研究是以研究者本人作为研究工具，在自然情境下采用多种资料收集方法对社会现象进行整体性研究，使用归纳法分析资料和形成理论，通过与研究对象互动对其行为和意义建构获得解释性理解的一种活动。质的研究方法在解释主义的理论基

---

[1] Denzin N. K., Lincoln Y. S., *Handbook of Qualitative Research*（Thousand Oaks：Sage，1994）.

础之上发展而来，强调研究者深入到社会现象当中，对事物进行深入细致的调查研究，通过亲身体验了解研究对象的思维方式，再现当事人的视角，以描述和解释为主，在收集原始资料的基础之上建立"情境化的"、"主体间性"的意义解释，而不是将重点放在验证假设、提出政策性建议和预测上。本研究采用质的研究这一方法是因为，本研究不是在宏观层面上进行大规模的社会调查和政策预测，而是需要在微观层面进行细致深入的动态研究，考察社会科学领域的博士生的专业社会化过程，以及他们是如何认知这一过程并赋予其意义的。本研究所要了解的，是被研究者眼中看到的"真实"及他们看事物的角度和方法，这样的研究不求获得可以检测的统一规律，而是通过在类似情境中的复现和认同来体现意义，获得推广。

在研究策略上，本研究使用了比较研究的策略，通过比较中美两国在趋于同形的博士生培养制度下，社会科学博士生专业社会化的异同并加以分析，从而更加全面地了解我国的博士生专业社会化状况。同时也是利用异文化对自己的冲击来加深对自己文化的理解。在比较的过程中，本研究以质化研究为基本研究方法，采用深度访谈的方式收集资料，辅之以参与式观察、文件材料等。

2. 研究对象

本研究选取了中国 R 大学和美国 L 大学共 24 名社会科学博士生作为具体的研究对象；其中，分别在两所大学各选取了 4 名教育学博士生、4 名社会学博士生和 4 名公共管理学博士生。按照学者比彻对学科属性的分类，社会科学属于软科学，社会学被认为是偏向于纯软学科，教育学和公共管理学则偏向于应用软学科，因此，这三个专业领域对软学科范围的两个象限都有所涉及。这些博士生大都即将或已经完成他们的博士毕业论文，并且以学术职业作为自己未来的职业选择；他们对整个博士生培养过程有较全面的体验和感受，与新生相比，对自身专业发展过程也有着更加深刻的认识。本研究选取的 24 名社会科学博士生基本情况详见表 1 和表 2（注：以下所有博士生的名字均为化名）。

表 1 美国 L 校访谈对象基本情况

序号	名字	性别	族群	年级	学习阶段	婚育情况	工作经历	专业领域
1	Lina	女	白人	6	论文撰写	已婚育	不详	公共管理学
2	Amy	女	墨西哥裔	10	论文撰写	已婚	2 年	公共管理学
3	Lily	女	中国人	5	已答辩	不详	无	公共管理学
4	George	男	白人	3	论文撰写	已婚	2 年	公共管理学
5	Deny	男	白人	7	论文撰写	未婚	1 年以上	社会学
6	Nancy	女	伊朗裔	8	完成论文	已婚育	4 年	社会学
7	Wendy	男	白人	8	已答辩	不详	5 年	社会学
8	Smile	女	西班牙裔	6	已答辩	已婚	不详	社会学
9	Gigi	女	西班牙裔	5	论文撰写	已婚育	2 年	教育学
10	Mike	男	白人	6	已答辩	已婚	3 年	教育学
11	Cindy	女	中国人	5	论文撰写	未婚	无	教育学
12	Jack	男	犹太裔	5	已毕业	未婚	无	教育学

表 2 中国 R 校访谈对象基本情况

序号	名字	性别	民族	年级	学习阶段	婚育情况	工作经历	专业领域
1	覃传文	男	汉	3	论文撰写	未婚	无	公共管理学
2	蔡恒西	男	汉	3	论文撰写	未婚	无	公共管理学
3	江佳	女	汉	3	论文撰写	未婚	1 年	公共管理学
4	孟筝	女	苗	3	论文撰写	未婚	无	公共管理学

续表

序号	名字	性别	民族	年级	学习阶段	婚育情况	工作经历	专业领域
5	林南	女	汉	3	已毕业	已婚	无	教育学
6	金燕	女	汉	3	已毕业	已婚	无	教育学
7	蒋何宏	男	汉	3	已答辩	未婚	无	教育学
8	胡永伍	男	汉	3	已答辩	未婚	无	教育学
9	杨丙路	女	汉	3	已答辩	未婚	无	社会学
10	贾宇鸽	女	汉	4	已答辩	未婚	无	社会学
11	王斐程	男	汉	3	已答辩	不详	1 年以上	社会学
12	宁准	男	汉	3	已答辩	不详	1 年	社会学

3. 数据处理

本研究主要对访谈数据进行系统的处理。本研究一方面通过自下而上逐渐抽象的方式对数据进行总结，并找出其中的意义关联；另一方面也通过自上而下的方式，在分析数据的过程中不断与已有的理论或概念框架进行对话和反思，最终建构解释框架。具体做法如下。

第一阶段：阅读原始材料。对材料的熟悉是分析的一个基本前提，越熟悉材料内容，就会对材料中的语言、语义、语用、主题、内容越敏感，从而越能够发现其中的意义和相关关系。阅读材料往往还需要一边总结一边反思，因为我们很容易将自己的一些倾向性见解或潜在的预设强加于材料，如果没有及时的反思，将可能导致材料的"失真"。例如，在问到"读博期间你最享受的事情是什么"时，中国学生表示享受和朋友交流、享受轻松自在的时间，而美国学生则表现出更加享受上课、阅读文献等事情；如果我们就此认为美国学生对博士学习表现出更浓厚的兴趣，就可能有失偏颇。针对这个问题，美国人可能只会回答与"读博"

有关的话题（因为问题问的就是"读博期间"），而至于是不是热衷于各种朋友聚会，是不是享受闲暇时光，他们可能不会在这个问题中告诉你，一些涉及个人隐私的事情他们也不谈及。而中国学生在回答这样的问题时，是一种相对发散的思维，他们享受什么就说什么，不会太顾虑与"读博"有没有直接关系，只要是发生在读博期间就可以。这样的例子在研究中比比皆是，如果对此没有及时的反思，那么很多结论可能就无法成立。

第二阶段：重组资料。从资料的意义内容入手，找到对本研究有意义的数据，并把数据中反复出现或者比较典型的内容归纳出来，用一定的词语表述其意义，并找到这些意义间的关联。在这些意义内容的表述中，一些词语源自访谈中出现的本土概念，即受访者的一些常用的概念或带有强烈感情色彩的概念以及比较典型的概念，这些本土概念能更真实地反映受访者的内心感受。

第三阶段：建立解释框架。通过上一阶段对数据的提炼，本研究得以发现其中基本的意义分布及其相互关系，并在逐渐形成思路的同时，与已有的有关博士生就读经验的相关理论——专业社会化理论框架进行对话。已有的专业社会化研究框架大多将博士生的专业社会化分为几个阶段，有的是按照时间顺序划分阶段，有的是按照认知发展过程划分阶段，有的按照就读流程划分阶段；这些已有的框架为本研究提供了一定的指导，使得本研究最终找到了自己的划分阶段的标准，即博士生在课程训练、学术活动和论文撰写等不同阶段中所表现出的知识和身份的双重社会化过程。至此，本研究建立了对博士生专业发展的一个基本的解释框架。

第二章 专业社会化阶段一：
学生与学科知识消费

  专业社会化作为一个基本的概念框架，被很多学者用来理解博士生学习经历（Merton，1957；Bragg，1976；Van Maanen，1978；Tierney，1997；Golde，1998；Weidman，2001）。透过这个框架，本研究感兴趣的是，博士生在各自的学术部落中，或者在更宏大的高等教育系统中，是如何习得知识、技能、价值观、态度和规范，从而符合一定的角色要求的。每一个细微个体的社会化形态都是不相同的，但几乎所有人都面临一系列共同必经的过程：带着已有的学术训练背景和对这个专业角色的理想期待进入到某个专业领域的学习项目中，通过一系列结构化的训练和非正式的学习经历，发展知识水平与学术能力，继而独立创新地完成一件学术作品；与此同时，自身经历着角色的转变，不断符合角色规范。由于博士生群体及其教育环境的多样性，学者们对博士生专业社会化的关注已经告别了一元线性的模式，转而从多维度解释这个复杂的过程。Weidman 认为，博士生专业社会化应该同时包含认知和情感两个方面，考察博士生社会化过程需要既关注学生知识和技能的发展，也要关注学生价值倾向及性情等方面的变化和发展。[①] Tierney 认为了解博士生学习经历的最好方式是透过组织社会化视角，发现博士生在组织文化中与组织的互动。[②] Golde 认为博士生专业社会化是一个双重社会化的过程，新生作为博士研究生的角色获得过程和他们通往未来职业的预期社会化过程是同时进行的。[③]此外，他认为学科文化塑造了不同的博士生学习经历，而处于学科规范之中的学院（系）是博士生专业社会化的主要发生场景。Gardner 也提出了博士生经历的双重社会化：一是自身在不同社会化阶段的发展过程；二是博士生在某个具体的学院对于某个具体学科的社会化过程。[④] 综合学者们的视角，我们看到一个博士生专业社会化的综合图景，它至少涉及认知社会化、情感社会化、组织社会化、学科社会化和职业社会化等不同方面。

结合本研究中的深度访谈资料，在学者们已有研究思路的基础上，本书对博士生专业社会化进行了两个维度的概括。第一个维度是认知因素的知识社会化，它涵盖了学生认知的发展和基于特定知识领域和范式的学科社会化过程。这里的"知识"

[①] Weidman J., Twale D., Stein E., "Socialization of Graduate and Professional Stu-dents in Higher Education: A Perilous Passage?", *ASHE-ERIC Higher Education Report* 28 (3) (2001): 5.

[②] Tierney W. G., "Organizational Socialization in Higher Education," *The Journal of Higher Education* 68 (1) (1997): 3.

[③] Golde C. M., "Beginning Graduate School: Explaining First-year Doctoral Attrition," in M. S. Anderson, eds., *The Experience of being in Graduate School: An Exploration* (San Francisco: Jossey-Bass, 1998), p. 56.

[④] Gardner S. K., "Contrasting the Socialization Experiences of Doctoral Students in High-and-low-completing Departments: A Qualitative Analysis of Disciplinary Contexts at One Institution," *The Journal of Higher Education* 81 (1) (2010): 61–81.

是一种泛义的知识，包括有关学科内容、思想风格和理智技能[①]等；在博士生教育环节，"知识"具体指学科内与跨学科知识与理论，以及一些重要的缄默知识[②]。格霍尔姆（1985）指出，研究生在加入一个学科领域的社会化过程中，会接触到两种主要的缄默知识。一种是从长期从事该学科活动的经历中发展而来的知识，是一种该院系精英都会充分掌握的实践性、几乎潜意识的知识或能力，其中最重要的部分是了解、掌握该学科科学话语经典部分的知识与要求。另一种是学生在其研究生学习过程中自己所领悟的知识，它同前者一样，也可能用于指导行动。[③] 博士生的活动主要是关于知识的活动，确切地说是有关高深知识的活动；尤其是当科学研究与大学联姻后，发现和形成新的知识成果成为了大学学者们的主要任务，继而也成为了博士生培养的主要目标。伯顿·克拉克提到，在博士生跨越各学科所遭遇的许多阻碍中，最大的阻碍是从课程学习到论文撰写的转变，这一转变把学生从一个科研的消费者转变为一个科研的生产者。[④] 这也可以理解为，学生经历了一个从消费已有知识（科研成果）到生产创新知识（新的科研成果）的知识社会化过程。本书概括的第二个维度是社会因素的角色社会化。这里的"角色"是指在某一专业领域的身份及伴随的承诺与责任感。Weidman 在他的研究框架中指出，博士生的专业社会化是一个

---

① 伯顿·克拉克：《高等教育系统——学术组织的跨国研究》，王承绪等译，杭州大学出版社，1994，第 12 页
② 缄默知识：本书将于第三章对这一概念加以解释。
③ 引自托尼·比彻、保罗·特洛勒尔《学术部落及其领地——知识探索与学科文化》，唐跃勤、蒲茂华、陈洪捷等译，北京大学出版社，2008，第 53 页。
④ 伯顿·克拉克：《研究生教育的科学研究基础》，王承绪译，浙江教育出版社，2001，第 294 页。

角色获取（role acquisition）的过程，是博士生由从一开始对专业角色的理想期待发展到最后成为这个专业领域的成员的过程，也就是从门外汉到内行人的过程，这个过程伴随着博士生对专业角色的认同与承诺。① 我们从研究中也发现，对于一个即将成为学者的人来说，赢得身份与培养责任感的过程从一进入博士生学习就开始了；对身份的认同感与责任感在博士学习中期越发强烈，而在他们得到博士文凭时达到顶点。在这个过程中，他们要实现从一个"高级学生"到一个"初级研究者"的角色转变过程。因此，本研究认为博士生专业社会化是知识社会化和角色社会化双重发展的结果。

综上，结合研究的发现，本书将博士生的双重专业社会化划分为三个阶段。第一阶段是围绕课程学习的学科知识消费，博士生在这一个阶段的角色主要是学生；第二阶段是围绕科研训练的缄默知识整合，博士生在这一个阶段逐渐掌握科研技能与研究策略，慢慢地向一个准研究者的角色转变；第三阶段是围绕学位论文撰写的创新知识生产，博士生在这个阶段实际上已经是一个初级的研究者了，因为他们需要独立创新地完成学位要求的学术成果。需要说明的是，这些阶段是相互重叠、而非相互排斥的，本研究为了突出博士生专业社会化的特征，故将其划分为不同的阶段。此外，本文强调博士生专业社会化是知识社会化与角色社会化的双重社会化过程，这两个社会化过程是相伴随的，博士生知识的发展与角色的转变是同时发生的，但知识社会化与角色社会化在不同阶段也并非完全一一对应的

---

① Weidman J., Twale D., Stein E., "Socialization of Graduate and Professional Students in Higher Education: A Perilous Passage?", *ASHE-ERIC Higher Education Report* 28 (3) (2001): 11.

关系；例如作为一个学习者的角色事实上是贯穿于博士生专业社会化的整个过程的，但在最初的课程学习阶段，其知识消费的特征可能表现得更加明显。虽然博士生的专业社会化经历是十分个人化的，但在整个过程中，仍然有几个核心要素在各个阶段不同程度地影响着博士生的学习经历，它们分别是：博士生的角色认知、知识活动经验、导学关系。在下文中，我们将一一呈现不同阶段博士生专业社会化的经历与体验。本章主要讨论的是作为一个学习者，博士生所经历的知识消费的社会化过程。在这一阶段，博士生作为高起点的学生，围绕课程学习进行学科知识消费，接受学科规范，持较理想的专业角色期望。

一　角色期望

角色期望（role expectancy）既指人们对某一角色的普遍认识和期望，也指个体对自身在一定环境下的角色认知。通常，个体的角色认知既受到个体经验的影响，又受到来自社会对该角色的期望的影响。博士生的角色期望在本书中可以理解为博士生对"博士"的认识、对"读博"的愿望，以及自己可能成为什么样的人的一种认知。同样，博士生的角色期望也受到自身经验和社会期望不同程度的影响。

1. "博士"印象：直接经验与刻板认知

本研究涉及的美国 L 校博士生大多在硕士甚至本科阶段就受到了专业社会化的"启蒙"，他们通过一些正式的学术项目获得了接触学术研究、与博士生合作共事的机会，他们对于博士生的角色认识和期待大多来源于个体的直接经验。

Mike 在本科时期受到了 Ronald E. McNair 学者项目的资助；该项目是美国联邦政府资助项目 TRIO（旨在为低收入家庭，尤其是长期以来处境不佳的学生提供学业上的补偿性支持）的八个子项目之一，项目的目的是帮助低收入家庭学生、少数族裔学生或第一代大学生中适合从事博士学习的学生，为他们提供进行学术研究并参与学术活动的机会，并为他们攻读博士学位提供帮助；各学院与该项目的参与者密切合作，鼓励学生参加研究生学习，支持他们完成学业。在早期阶段，学生可以跟随一个指导教授做研究，并把研究成果发表在科学年会上。该项目主要向那些处于弱势但对学术研究有兴趣、且有研究潜力的学生提供支持，其服务包括：为完成大学学习的人提供研究机会，加强导师指导，举办研讨会和其他学术活动使学生为博士学习做好准备，提供暑假学习、辅导、学术咨询，帮助学生获得经济资助，为学生提供参加 GRE 考试准备的服务帮助等。[①]参加 McNair 项目不仅使 Mike 进入了一个美妙的学术世界，了解了博士生学习研究的方式，还使 Mike 做出了一个重大决定，就是从医学院转到教育学院读研究生。用 Mike 的话说，他在参加学术研究中发现自己是"一个比较质性的人"，他更喜欢对事物做出一些有意义的解释：

> 当我想到生物医学，我就想到了实验室。在实验室里你不和人交流，你沉浸在微小的世界里分析数据；但是，我真正喜欢的是和人交流，我在 McNair 项目中做的研究就

---

① 见 http://www.ed.gov/programs/triomcnair/index.html。

是和人打交道的研究……①

Amy 目前的研究方向也源于本科时参加的一项学术调研，在调研的过程中，她得到了老师的指导，调研成果给 Amy 带来了很大的成就感，她几乎从本科开始就慢慢对学术研究和博士学习感兴趣了。在 Amy 看来，博士意味着热情和牺牲，首先是对某些学术问题的研究兴趣，其次是牺牲自己的时间和精力，投入其中。据我了解，很多博士生都在本科或硕士期间较早地接触了学术研究，并在参加学术研究的过程中发现自己的兴趣和思维特性；另一方面，他们在这过程中能够接触到很多博士生，从而很早就对博士生的学习状态有亲身体验，对于博士生的生活学习方式等有着比较清晰的了解。例如 Jack，他决定读博是因为自己在硕士期间有一些和博士生共同上课的机会，在这个过程中，他看到了以前觉得遥不可及、现实中却很鲜活的博士生形象：

> 我当时就觉得这些博士生上课讨论很有意思，我觉得我也能成为博士生，你看，我都能和他们坐在一起上课了。

在专业社会化的第一个阶段，美国的博士生对于博士这一角色的印象，已不仅仅停留在理想的期待或设想当中，他们已通过多种机会较早地接触到博士生的学习生活，因此，大多数人都对自身的角色有一定的了解和心理准备。美国的博士生培养主要采取一种贯通式培养模式，即以本科毕业生作为美国博

---

① 本书所有关于美国博士生的访谈内容均由英文翻译而成。

士生教育政策制订的基础和起点，学生通常在本科的时候就需要思考自己对未来的学业选择，要么是参加工作，要么是继续从事学术研究，因此，是否读博是学生在本科阶段就不得不思考的问题。学生在本硕阶段通过不同的方式接触博士生教育以及与学术研究相关的事情，很多学生都是在这个时期发现自己在研究方面的兴趣和潜力的。此外，美国有大量的鼓励学生从事学术研究的资助项目，一些项目支持本科生进行学术研究（例如上文提到的 Ronald E. McNair 学者项目），学生在研究过程中通过和指导老师以及其他博士生的接触，加深了对博士生教育的了解。

专业社会化之初，中国的博士生受到社会舆论和传统观念的影响，对"典型"的博士或期望过高，或有着"古板"、"学究"等刻板印象。持理想化角色期望的博士生们，认为"博士"应该是学富五车、身心修养较高且学术产量丰富的人。在三个专业领域的访谈对象中，社会学的博士生表现出较强的理想化角色期望。例如宁准认为理想中合格的博士生不仅应该学问做得好，还应该"有自己的学术价值观或者是世界观，而且应该成为在这个社会阶层中代表着道德规范的一群人"。在杨丙路心目中，"博士"所关注的问题或发表的见解都应该很有"社会学的味道"；在她的言谈之中的"社会学的味道"，就是一种对个体价值的关注，是一种对社会的人文关怀，甚至是批判。社会学在比彻的学科知识特性划分中属于纯软科学，其特点之一就是具有较强的主观性，受研究者个人价值观的影响较大。这也正是社会学博士生对"博士"这一角色有较强的道德要求和期望的原因所在。

另一些博士生的"博士"印象则代表了社会大众对博士的刻板印象。刻板印象（stereotype）是指按照性别、种族、年龄或职业等进行社会分类形成的关于某类人的固定印象，是关于特定群体的特征、属性和行为的一组观念或者说是对与一个社会群体及其成员相联系的特征或属性的认知表征。本研究涉及的中国博士生对"博士"的刻板印象是比较有代表性的，例如蔡恒西认为一个典型的博士生"给人感觉就是整天写论文，发很多 paper（论文），做很多课题，写很多东西"。他印象中博士生的形象是：

> 尤其对男博士，我们先不讲女博士①。可能男博士年龄比较大一点，形象不是太好，要么挺个大肚子，要么头上没多少头发，看起来很学究的样子，就这么一个古板的印象。

丰富的学术成果、不太好的外在形象、古板的学究……这是蔡恒西眼中"博士"肖像的关键词。孟筝还补充道，博士普遍比较勤奋朴素，而且"大龄"。这些简单化的分类方式显然忽视了博士的个体差异，容易导致对博士生做出错误的评价，而这种刻板印象的一致性存在，又是和我国的特定文化相关的。在中国传统文化中，有学问的人都是靠着非凡的努力才能有所成就的，悬梁刺股、凿壁借光等典故所描述的都是中国古代读书人在艰苦环境下勤奋好学的品质；不经过长时间的努力，就不可能在学术上有所造诣，中国人通常用"十年"这样的时间

---

① 蔡恒西的言下之意是，"女博士"更加特殊。关于这一点，将在下文进行讨论。

词汇来比喻治学的漫长艰辛，如"板凳甘坐十年冷"、"十年磨一剑"、"十年寒窗"等：这些形象地解释了博士"朴素"、"大龄"印象背后的缘由。而"学究"一词已经从古代科举考试的科目名演化成为对读书人的通称，现代人还借学究一词指代那些穷究学理、苦读古书而食古不化的迂腐之人。可见，中国传统文化中对读书人的印象，深刻地影响了大众对当今博士的形象认知。

2. "读博"动机：兴趣导向与目的导向

美国学者 Gardner 的博士学位论文标题是"如果读博是那么容易，那么人人都成为博士了！"，这说明读博并非易事。而做出读博这一重大决定背后的动机，是我十分好奇的。中美两国的博士生基于各自所处的社会现实和个体特质，形成了不同的读博动机：本研究中的美国博士生大多属于学术驱动型和理想驱动型，即表现出较强的兴趣和理想导向；本研究中的中国博士生的求学动机则表现得更加多元化。

卡内基博士生教育项目的研究成员 Golde 在其报告《多重目标：博士生的经历对博士生教育揭示了什么》中，通过对美国多所大学不同学科的博士生培养过程和感受的调查，结合自己读博的经历，严肃地提出了对学生读博的建议：变得现实一点吧，在决定开始之前，先停一停、放一放；如果你还有一些其他的事情让你很享受的，那就放弃读博，就业环境太糟糕；如果你不是百分之百确定你愿意为了学术而牺牲时间、金钱、努力和汗水，那你就先做些别的事情；读博是一个很美妙、使人兴奋，但同时又恐怖且充满波折的过程，你将有一段日子很穷、你可能没有太多时间去做其他的事情、你的导师可能会伤害你的自尊，所以如果你对学术没有热情，那么你的日子将很难过；成功地完成博士学业需要的不仅仅是你的智力，它还需要坚持的毅力……①在美国，拿下博士学位并不是一件容易的事情，严格的考核、高居不下的淘汰率和过长的学习年限，乃至突然袭来的金融危机对学术市场的重创等，都让很多人在读博的选择面前望而却步。但即便是这样，美国优质的博士教育体系和大规模培养博士生的优势，依然吸引了很多来自世界各地的学生。

在美国，博士生取得学位后，在大学工作的人数相对减少了，更多的人到政府、企业等其他部门工作；但即便如此，培养大学教师依然是美国博士生教育的一个重要目标，成为大学教师也是多数博士生的就业选择。为改善高校新任教师的质量，美国学院与大学联合会和美国研究生院委员会共同发起了"未来师资培训计划"（PFE），旨在将博士生培养成为能够胜任的大学教师，使博士生教育不仅要继续为博士生提供成为研究者的机会，还要使博士生获得独立承担多种教学责任的经历，为他们提供观察或亲身体验为院系、高校、社会和学科服务的机会。② 宏观层面的重视加上博士生自身的就业选择倾向，使得做高校教师成为大多数博士生的职业选择。美国的博士生出于不同的动机读博，继而成为高校教师，Golde 的调查显示，享受教学和研究、喜欢在校园工作、喜欢大学老师的生活方式、受老师的鼓励、热衷学术服务等因素是博士生以学术为职业选择的

---

① C. M. Golde, T. M. Dore, *At Cross Purposes: What the Experiences of Today's Doctoral Students Reveal about Doctoral Education* (Philadelphia: The Pew Charitable Trusts, 2001).

② Gaff Jerry G., Pruitt-Logan Anne S., Sims Leslie B., *Preparing Future Faculty in the Humanities and Social Science* (Washington, DC: AACU&CGS, 2000), pp. 5 – 7.

主要动机。① 大部分博士生都有良好的学术基础和较强的研究兴趣，加之美国博士生招生环节较为严格，博士生的知识和能力背景、攻读该专业的目的和动机、特殊经历和成就等都会被重点审查，因此，通过招生环节筛选出来的博士生大多对博士学习抱有热情和兴趣。在我研究的美国博士生中，兴趣是他们读博的内在动力，Mike 一谈到他的博士学习经历就很兴奋，他说自己最享受的事情就是思考：

> 我喜欢思考，这儿就像一个享有特权的空间一样，可以让我去尽情地想问题、设计一些研究，所以我认为我最享受的事情就是有这样的空间能够思考问题，并和其他人一起做研究，不管是老师还是其他学生，他们都很合作……我认为对我来说，最大的挑战反而是不知道怎么去说"不"，就是我有太多的想法和太多好的研究项目，我不知道怎么去抉择，我有兴趣做所有的事情，但这又不可能，所以对我来说是个挑战……

兴趣也是支撑博士生们坚持下去的精神力量。Lily 强调："兴趣太重要了，否则作为社会科学的学生，你不可能花至少 3 年的时间来一直研究一个问题，这真的很难。所以你必须对一个问题特别感兴趣，并对此抱有信心、感觉舒服，你才能坚持这么多年。" George 是在和朋友的交谈中发现自己的研究兴趣的，他发现自己非常擅长做实践性较强的学术研究，于是选择

---

① C. M. Golde，T. M. Dore，*At Cross Purposes：What the Experiences of Today's Doctoral Students Reveal about Doctoral Education*（Philadelphia：The Pew Charitable Trusts，2001）.

了他目前就读的学院，因为这里老师的研究课题大多是偏实践性的，他认为自己能够做出一定的贡献。

除了纯粹的兴趣之外，另一些博士生出于个人成长经历或工作经历，萌生了很多对现实的发问，这种问题意识也成为激发他们读博的内在动因。教育学院的 Gigi 是西班牙裔学生，她对于研究少数族裔的教育问题有着比别人更高的责任和热情。她曾在一所专门招收西班牙裔学生的学校工作过，在工作中，她发现学生的自我身份的认同很重要，但这些学校似乎仅仅只是招收一定比例的西班牙裔学生，而对这些学生其他方面关注较少，因此她内心一直有一种冲动，想要弄清楚这些西班牙服务学校对于学生到底意味着什么。社会保障专业的 Lina 是从越南朋友那里了解到越南的艾滋病患者家庭的困境的，她很早的时候就决定为那里的家庭里的孩子做些什么，于是，她在博士入学时，就决定研究这个问题。Amy 的家境一直不好，父母都是工人，自己的成长环境让她对工人的境遇十分关切，所以她选择研究临时工的社会保障问题，她的心路历程在一段独白中得到体现：

　　我一直对低工资的工人这个主题感兴趣，对于我来说，这是出于我个人原因，因为我的父母就是低工资的工人，所以这一直是触动我的事情。但更重要的是，当你看到一些不对的事情，作为一个人，你知道有一些事情等着你去改变，使它变得更好，或者我可以为一些人的事情带来一丝光明，从而影响他们的生活，继而影响整个社区。我一直很愿意去帮助别人，这些事一直驱动着我，每当我看到一些不对或不公正的事情发生在这些工人身上，我就有一种想要改变的冲动。为什么不呢？我既然学了这些东西，掌握了这些知识，为什么我不去改变它们呢？

可以发现，这些学生的选择与所研究的问题，不论是出于纯粹的研究兴趣，还是由于自身经历，大都闪耀着人文关怀的理性之光，这种深层次的动因与价值关怀，使他们在读博期间一直保持着很高的热情。在美国文化中，人们不习惯用外在的标准衡量事物的价值，做出行动及行动决策的主动权在于个人，他们很早就开始鼓励孩子们树立这样的信念，告诉他们只有自己才最懂得自己想要得到什么。[①] 本研究中的美国博士生，大都是先建立了不属于任何专业的自我认同，然后根据自己的需要做出进一步的专业选择。美国研究生院委员会在 1982 年发表的关于博士学位的政策声明中指出：博士生教育是为有志于一生探求知识的学生开设的，其目的是要培养博士生们具有从事创新性学术活动和科学研究的能力。因此，美国各高校在选拔博士生时，兴趣与学术潜能是首要考察因素，不符合要求的学生很难通过"人情"进入学术领地。

在我国，也并不是所有人都有勇气挑战这象牙塔的最顶端，即便在当下博士生规模迅速扩张、甚至被质疑为"批量生产"的年代，读博仍然只是少数人的选择。我国的博士生教育一直是精英教育，培养目标主要是具有高深知识的学术型人才。本研究关注的也是以学术为职业选择的博士生，即他们毕业后

---

① 爱德华·斯图尔特、弥尔顿·贝内特：《美国文化模式——跨文化视野中的分析》，卫景宜译，百花文艺出版社，2000，第 84 页。

（或已经毕业的）都打算从事与学术研究相关的工作。经过深度访谈后我发现，以学术为职业这一目标和以学术为导向的读博动机并不是完全统一的，博士生由于各种不同的原因而选择通过"读博"的方式进入学术职业。总结起来主要有三类。

一类博士生对于学术职业工作方式的关注超过了对这项工作的性质和内容本身的关注。我国的博士教育学制一般为 3～4 年，最长一般不超过 6 年，调查显示我国博士生完成学业所用年限平均为 3.535 年，[①] 与欧美的博士教育年限相比，我国的读博时间并不算长。在对读博时间、精力投入和收获进行比较权衡后，这种生活状态成为了很多人的最优选择。蔡恒西告诉我，他在决定读博时，"想得很单纯很天真，想着我就去当老师，那就读博士呗"。在大学当老师对孟筝意味着："相对自在，压力不是那么大，自由些，至少没有那么多加班加点。学校的环境氛围相对好一些，在学校很享受的是和学生们上课，我觉得这是很享受的事情，不用太钩心斗角。更多是共赢的，你做这个我做那个，大家一起发展。如果我再不济，成果少，熬我也能熬到副教授嘛，无非是你早两年，我晚两年。"这类读博动机持有者的主要观点是，读博的环境比工作更单纯，更不用为生计而烦恼，虽然这种生活状态可能意味着比一般人更加辛苦一点，投入更多的时间和精力，但是最终也能收获较为理想的回报，比如学历程度的提升、职业起点的提高、工作待遇的改善、工作方式的转变等。

另一类博士生以学术兴趣和深层理想为内在动力选择读博。对于林南来说，博士跟其他任何一个阶段都一样，是一种顺其

---

① 蔡学军、范巍等，《中国博士生发展状况》，北京大学出版社，2011，第 32 页。

自然的经历或"一种生活状态"：

> 我读博的时候就经常想，工作三年也是三年，读博三年也是三年，而且硕士毕业工作三年可能挣的工资收入各方面还不如读博士这三年……就是一种生活状态，这三年跟你人生中的任何一个三年都是相似的，就是一个生活状态。

虽然林南没有明确表示自己有学术潜力，喜欢做研究，但从她所描述的"一种生活状态"来看，她能够轻松胜任这种以学术研究为主的学习生活，并且享受其中。随着交谈的深入，她的一句"我就是想为农村人说句话，我就是想为我们这个群体说句话"吐露了自己读博的更深层的理想动力。

还有一类博士生在外力驱动下选择了读博，比如在老师的鼓励和劝说下、在家人的期望下、在生活现状的逼迫下等，甚至有的博士生表示自己是"一不小心踏进来"。江佳在硕士毕业后工作过一年，这一年的工作让江佳痛下决心选择读博，她说："我做了一份甚至是一个初中生都能干的工作……再干上个两三年，我出来之后，甚至连个大学生都不如……就是跟时代脱节了……"为了更加适合自己的工作方式和职业发展道路，很多人在外因驱动下选择了读博，"先进来再说"似乎成为了很多人的策略。贾宇鸽则认为"自己不觉得自己很学术"，是在老师的劝说下选择了读博。即便这类博士生选择读博是源于外在动力，但"我是否适合读博？我热爱学术吗？"此类问题一直是博士生们在读博过程中时刻都在面对、无法回避的问题，正如杨丙路激动地告诉我："你一定要问你自己喜不喜欢学术！"在她看来，如果不适合读博而选择读博，会出现很多问题：

> 博士成了一个误区，就好像工作不顺利、工作不顺心，或者是为了评职称，或者为了有一个更好的发展……我就去读博，有一些人，譬如我这样，我觉得我硕士出来找不着好工作了，没办法了，我就去读博士吧。这样就会导致你目标不清晰，你真正去读博的时候，会发现究竟我该做些什么呢？我该关注些什么呢？我怎么样去规划我这三年的生活呢？会非常地迷茫，导致我觉得我博士得赶紧毕业，我再也不想写论文了，我太痛苦了。很多博士都会出现这种状况，这种状况可能也是因为之前对自己为什么要读博，能做些什么，打算达到一个什么样的目标，没有一个清晰的规划，和这个是有关系的。

很多博士生的心路历程中都免不了"痛苦"一词，尤其是当目的导向超过兴趣导向时，"读博"变成了一次煎熬的旅程。从社会环境来看，随着我国研究生教育规模的急速扩张，1999年颁布的《关于新时期加强高等学校教师队伍建设的意见》明确指出，我国高等学校教师队伍建设要逐步提高学历层次，而随着竞争的加剧，"博士"学历已经成为了多数高校招聘教师的基本要求，拥有一个博士学位也成为大学教师评职称、申报课题的重要"砝码"。不仅高校"唯博士是举"，连一些非学术机构也以学历论英雄，这一点引起了宁准的不理解：

小时候在我心目当中，博士一出来就应该有科学家的水准了，至少应该相当于科学家了，但是现在觉得博士也非常的浅薄和无奈，出来还是个学生，找工作也非常的无助。不知道你看没看招聘的信息，有一些单位打出来的信息就是：我们要博士后。博士后是学历吗，他们懂博士后是干嘛的吗！

尽管很多人和宁准一样对这种现象表示不满，但不可否认的是，在中国的社会环境下，"博士"这一头衔在学术领域之外、还在更广阔的地方发挥着学术资本的效用，把越来越多的人"逼"上了"读博"之路。

3. "女博士"：第三类人？

美国的很多博士生都曾有过工作经历，年龄偏大，而且读博与婚育经历的重叠在美国女博士身上是一件普遍的事情，在我访谈的 6 位 L 校女博士中，有三位已为人母，两位已婚。对于很多女博士来说，在读博期间结婚生育是一个明智之举：

> Gigi：我的大儿子 3 岁半，小儿子 7 个月，作为一个全日制的学生，我有很多灵活机动的时间来照顾我的孩子，因为我可以在家学习，在家工作，我几乎整天都和我的孩子们在一起，但同时，我也一直在工作着。你知道吗，因为我读博的时间可以灵活安排，我的孩子都不用去日托班，我可以在家一边工作一边带他们，这简直太好了……

> Lina：我喜欢读博期间时间安排的灵活性，我可以安排自己的时间去做喜欢的事情，我决定要孩子，也是因为我

不用一周 60 个小时地工作，从而有时间带孩子。

　　当然，作为一个女博士，尤其是有了孩子的女博士是非常不容易的，她们的艰辛将在下文呈现。但即便如此，她们却很少面临来自世俗的压力，在美国社会，女博士是一种正常普遍的存在。20 世纪 60 年代，美国女权运动先驱弗里登和其他女权主义者成立了全国妇女组织，美国和西欧紧接着纷纷成立了争取平等权利的妇女组织，这些组织致力于推翻迫使妇女地位低下的歧视性法律和惯例，消除在财产所有权问题上、就业问题上、工资收入问题上以及有关生育问题上的歧视。20 世纪以来妇女运动浪潮促进了女性对公共社会领域的参与，女性受教育程度也逐渐提高，受这股运动浪潮的洗礼，人们对男女性别角色的认知相对开放和平等。

　　在中国，情况略有不同。我在采访蔡恒西时，他刻意回避谈论女博士。那么，女博士在中国到底是什么样的形象呢？坊间有"第三类人"的说法，指的就是在"男人"、"女人"之外的"女博士"。"女博士"何以和"女人"区别开来呢？女博士是女强人的化身，代表着高深的知识和崇高的精神追求，让人充满敬畏，然而，中国传统中的"男尊女卑"、"女子无才便是德"等观念让女博士的优秀也成为了一种"过错"。根据跨文化学家霍夫斯塔德对世界上不同地区社会性别角色的划分，中国大陆属于偏阳刚气质的文化（与阴柔气质的文化相对）。在阳刚气质的社会中，女性的抱负就是辅佐男性成功，男性应该有责任、有抱负并且果断，而女性应该细心和温柔。而女博士正是因为形象和这种种设定的女性普遍形象不符，所以被调侃为

"第三类人"。孟筝在访谈中几次提到自己不愿意把女博士的身份轻易告诉别人，一方面她认为自己"不太学术"、"水平不够"，承受不起"博士"的头衔，另一方面她顾虑公众的眼光，不想被人们看作"钻进书斋里的找不到男朋友的迂腐学究"。可见，女性学者不仅容易在学术素养上表现出不自信，还会受到社会对于女博士的一些有失偏颇的评价的困扰。博士生由于在专业方面的大量投入导致其社会化程度不足，世俗所认同的一些如社会交往、沟通等能力可能较弱，因此常常被认为是书呆子，而女博士受到这种世俗观念的影响更大，婚恋生育等个人问题成了让女博士困扰的事情。我在中国访谈的 6 位女博士中，4 人未婚，2 人选择在临近毕业时结婚，她们在读博过程中更倾向于将学业与个人问题这两件同样重要的事情分开，避免让自己的生活陷入一种混乱。除了传统观念的影响，专业文化中似乎也存在对女性的偏见。Margaret Rossiter 在对科学史上女性的研究中发现，按 19 世纪的观念，科学家被假定为严密的、理性的、非个人的、竞争性的和非情感的，而女性被认为具有与这些特点相反的特质，成为科学家就意味着成为男性化的人。这些认识虽然经妇女解放运动的洗礼，却仍然以一种历史的、普遍的存在，困扰着当下人们的认知。[1] 霍夫斯塔德强调，男性和女性不同的工作选择在一定程度上可以由认知能力的差异进行解释，认知心理学中区分了场独立的人（往往分析能力更强）和场依存的人（往往社交和语言技能更强），男性通常是场独立的人，而女性通常是场依存的人。[2] 托马斯认为，如果女性在诸

---

[1] 转引自闫广芬、邵彩铃《女博士生教育感言》，《学位与研究生教育》2007 年第 8 期。

[2] 吉尔特·霍夫斯泰德：《文化与组织：心理软件的力量（第二版）》，中国人民大学出版社，2010，第 144～146 页。

如物理学等具有男性特征的学科中成为专家，那么她不得不容忍自己的双重身份，原因之一在于其挑战了约定俗成的性别角色观念。[①] 虽然人文社会科学领域的女性化程度要比自然科学高，但受这种学术文化的影响，在人文社会科学领域仍然存在对女性学者的固有认知和刻板印象。2016 年中国女博士生占当年毕业的博士总数的 38.6%[②]，选择读博的依然以男性居多。

二 课程学习

根据培养计划，博士生入学后首先进行 1～2 年的课程学习，通过课程学习，博士生可以掌握比较宽广、系统、深入的理论基础知识以及学科前沿问题，并逐渐掌握一些基本的研究方法。课程学习是博士生专业社会化的一个重要经历，作为刚入学的博士生，对于博士学习最初的感受和认识，都是通过课程实现的。大学的主要产品是知识，系统的课程学习也是作为一个学生对已有知识进行集中消费的重要环节。Nettles 等人的调查表明，有 70% 的辍学生都是在成为博士候选人之前中止学业的[③]，可见，第一阶段以课程学习为主的经历对于博士生社会化来说是至关重要的。

社会科学属于非严密知识，它可研究的范围比较宽泛，界限不清晰，博士生通过课程的学习，并不要求掌握那些边界清

---

① Thomas K. , *Gender and Subject in Higher Education* （Buckingham：STHE/Open University Press，1990）.

② 2016 年全国教育统计数据。

③ Nettles M. T. , Catherine M. M. , *Three Magic Letters：Getting to PhD* （Pxix. Baltimore：Johns Hopkins University Press，2006），p. 122.

晰、特定具体的知识概念，而是要求在学科常识和观点、学科视野和思维方式上有所提升，所以通常博士生课程的考核方式都是提交课程论文，而不是考察对某些特定知识点的记忆。正因为此，我们要想了解课程对博士生的作用，最有效的方式应该是了解学生对课程的主观评价，而不仅仅是他们的学业成绩。

1. 美国：以个体为导向的课程学习

美国每所大学都有自己的一套课程体系，包含本科生和研究生不同级别的专业课、方法课和选修课，每个学校的课程按自己的方式加以编号，便于学生选择。L 校教育学院要求博士生至少修 18 门课，其中 11 门必须是研究生级别以上的课程（包括指定的 3 门核心课程、1 门专业必修课、3 门研究实践课程和 4 门选修课），4 门研究方法课，3 门辅修课。在学院"3 + 1 方法训练"政策的要求下，学生必须修习 4 门研究方法课，其中的 3 门必须属于某种方法论流派（例如质化研究、量化研究、女权主义、批判主义、比较研究等），这 3 门中的 1 门是被学院归为第二级的方法课程。此外，还要针对另一类方法论流派修习一门方法课。在导师或系主任的许可下，如果学生使用的是混合方法研究，也可以按照 2 + 2 的模式选择方法课，即在两个不同方法流派中各选 2 门课。辅修课可以在任何一个校内授予学位的学院选择，原则上尽量选择研究生课程级别或以上的课程，目的是帮助学生更好地完成博士学位论文。辅修课可以基于不同的学科如人类学、心理学、社会学选择，也可以基于不同的研究领域选择，例如种族问题、女性问题等。辅修方案必须经导师、系主任和学生服务办公室签证同意（见表 3）①。

---

① 摘自 L 校教育学院高等教育系学生手册。

表3　L校高等教育系课程学习要求

专业核心课程（7门）	方法类课程（4门）
ED250A，核心必修	第一级方法课#1，主要流派
ED250B，核心必修	第一级方法课#2，主要流派
ED250C，核心必修	第二级方法课#3，主要流派
ED209A，必修	第一级方法课#4，其他流派
ED299A，研究实践	
ED299B，研究实践	
ED299C，研究实践	
系选修课程（4门）	**辅修课程（3门）**
选修课程#1	
选修课程#2	辅修课程#1
选修课程#3	辅修课程#2
选修课程#4	辅修课程#3
（每一个选修系列下有多种课程的选择）	（通常是跨学科课程）

注：根据L校高等教育系研究生手册翻译整理

　　结合L校各院手册以及博士生们的反馈，L校博士生的课程学习与美国大多数高校一样，具有以下几个特点。

　　一是课程总量大，选课灵活性强。长期以来，作为消费者的学生和作为专家的教师完全控制着课程的开设，绝大多数学院能够提供各个专业领域的广泛的课程目录供学生自由选择。对于学生来说，他们能够在大学找到他们想学习的任何课程；对于教师来说，他们想教的任何课程都能在大学的课程体系中占有一席之地。[①] L校所提供的不同课程种类达到了数千种。博士生可以在专业课程学习计划的基本要求之下，选择更加具体的、符合自身研究需要的课程进行学习。美国高校长期以来针

---

① 亚瑟·科恩：《美国高等教育通史》，李子江译，2010，第203页。

对课程"经典"还是"实用"、"科学"还是"人文"的争论，极大地推动了课程在实用性、学术性、多元性上的平衡发展，满足了不同学生的需求。课程学习的规范性和灵活性相结合，既兼顾了学科专业内在的培养目标，也兼顾到了不同类型学生的特点、研究兴趣和专长，有利于增加研究生学识的厚度和宽度。①

二是重视专业理论课、研究方法课和跨学科课程。美国研究生教育在很长一个时期里的实用色彩比较浓，对博士生教育的基础理论课程有所忽视。二战后，各大研究型大学针对各学科专业的特性，逐步强化了基础理论课程的教学，为提高研究型大学的博士生教育质量和学术水平创造了基础性条件。本研究涉及的三个专业领域所在的学院都对某几门专业理论课提出了明确的学习要求，其目的是让博士生了解专业知识特性以及本学科的研究范式。本研究涉及的美国博士生，对专业理论课十分重视，尤其重视对思维方式的训练，正如 Lily 所说：

> 我上过难度最大的课就是博一第一学期的现象学理论课，当时只有我是国际学生，也只有我没有社会学基础，这门课深奥难懂，全是和哲学有关的理论，对我一个新生来说太不容易了。当时在同学的帮助下，我咬牙完成了课程，现在回过头来看，我认为它是我上过的最好的课，因为它为我打下了坚实的学科基础，让我了解到了我们学科的研究范式。虽然你在博士论文中可能不会直接把这些理论写出来，

---

① 许迈进：《美国研究生教育模式的特征分析》，《教育发展研究》2003 年第 1 期，第 78～81 页。

但它确实能够引导你思考，并形成你的思维框架。

　　一般来说，学生在设计满足自身需要的课程计划时拥有很大的灵活性和自主性，除了要求掌握一定的基本理论和知识之外，学生可以根据自己的研究需要跨院系、跨学科选择课程，为自己制定个性化的课程方案。在这个过程中，导师、系主任等专家教授都会参与指导。在通识教育理念的影响下，随着知识生产模式的变化以及学科的分化与融合，当今科研领域取得的许多影响重大的学术成果，很大一部分都诞生于不同学科的交叉领域；因此，美国博士生教育也越来越重视学生跨学科的学习。Lily 所在的公共管理学院十分鼓励学生跨院系选课，Lily选择了几乎所有在全校开设的质化研究方法课程，她认为："质化研究里有很多具体的方法和技巧，有的学院聚焦在扎根理论的教学上，有些学院擅长符号互动理论，有些学院民族志研究做得很好……"和 Lily 一样，很多博士生都十分重视研究方法的学习，例如 L 校教育学院共设两级方法课，开设了 22 门可供选择的第一级方法课，第二级的方法课也有近 20 门。

　　三是教学与科研的结合。追溯美国研究生教育的发展历史，美国借鉴德国大学教学与科研紧密结合的理念，发展了研究生教育。如克拉克大学建立伊始，便将科研与研究生教育作为学校发展目标，明确提出教师的教学、尤其是研究生培养应建立在科研的基础之上。美国国家科学基金会于 2000 年启动了研究生教育与科研训练整合计划，该项目以促进研究生教育创新为己任，以跨学科培养博士生为宗旨，帮助博士生独立开展科研。L 校的博士生在课堂上围绕自己感兴趣的问题，对所学的理论和方法进行运用，老师并不会对学生所研究的问题做太多的干涉，充分给予学生在学中做、在做中学的自由。教学与科研的结合让很多学生得到了基本的学术训练，并使他们能够结合自己的研究兴趣更有针对性地选择课程。

四是注重发挥博士生的主动性，通过严格的课程管理和非正式的教学评价网络实现对课程质量的控制。不论是研讨班式的教学，还是专题课，都十分注重课堂讨论；讨论式教学注重启发思维，发挥学生的主动性，让博士生自由探索和表达自己的观点。组织研讨班或专题课的老师一般都是对某一课题进行过深入的研究、具备相关专长、有一定学术成果的人。博士生课堂上，老师通常只对主题做简要介绍，由学生提问，老师进行解答后，大家共同讨论。博士生课程顺利开展的前提是学生的课前阅读和思考。本研究涉及的博士生都表示经历了比较辛苦的阅读过程，Cindy 告诉我他们的课程训练非常"狠"，她上课时每周每门课的阅读量大概是 100 页左右。大多数博士生都受益于这种阅读的积累，Nancy 认为她读博期间最享受的事情就是在课程学习过程中有大量的阅读机会，帮助她发展对理论和方法的理解。但 Deny 告诉我，很多学生其实并没有完整阅读老师规定的参考书目，一些学生课前准备不充分导致无法很好地参与课堂讨论。Deny 的抱怨代表了一部分博士生的想法，也让我看到了美国博士生课堂的瑕疵：

大多数情况，我们学习理论和方法不能完全依赖于课堂，有些课并不如你期待的那样好，课堂上读的那些东西很多都是老生常谈，而我们在课堂上讨论这些，并没有太多学术价值，没有太多贡献和创新。课程除了教给我们一些技能之外，还应该讨论一些形而上的东西，例如我们为什么研究这个，我们的目的是什么，如何成为一个社会学家而不仅仅是一个研究者等。课程对于老师来说，也不是他们优先考虑的事情，他们并不会花大量时间在课程上，而很多学生上课可能也仅仅是为了取得一个好成绩而已。在课堂上，我们会花大量时间讨论，但往往你心中疑惑的问题并不能很好地被课堂讨论涉及，而且众说纷纭，你很难聚焦你自己感兴趣的东西。如果你在课堂上给老师提出一个很难的问题似乎也不太好，老师当着几十人的面，其实也是在进行一场表演……

虽然 Deny 的言辞略显偏颇，但结合我的自身经历来看，他的话一定程度上反映了美国博士生课堂的情况：讨论热烈，但缺乏聚焦；课前阅读量太大，给学生造成很大的负担；教师用于课堂教学的时间与学术研究的时间相比太少。学生们经常私下评论哪些教师的课程是有用的，哪些课程不够好，从而形成了一种非正式的教学评价网络。Lina 告诉我，事实上，许多大学教授非常讨厌学生对他们的教学指手画脚，但是学生匿名评教的形式以及学生之间非正式的教学评价网络有效地监督了课程质量，是对教学质量的一种保障。虽然课程存在一些如 Deny 所说的弊端，但它仍然可以通过完善的设计及考核达到基本的目标：

Cindy：我们有些课还有随堂闭卷测试。

我：考些什么呢？

Cindy：一些基本的概念和结论是需要你记住的。然后写文章。每周读，每周有作业，每周练你。

我：一门课大概有多少人？

Cindy：一般 10～15 人。大家都有机会去做。方法课也是，有的老师每周有作业，有的老师一个学期有两三次作业，有期中的，还有期末的，你自己要运用这个方法做一个期末研究。总之就是任务量大，然后经常有作业要及时反馈，因为你自己研究可能要用到这些东西。

Cindy 的描述也是我在美国访学时所经历的课堂形式，它的特点是使学生准备工作充分、阅读量大，交流讨论较充分，通过多次课堂作业强化学生对知识的掌握，通过课程论文帮助学生实现对知识的运用。最重要的一点，是课程的反馈机制，老师通常会对学生提交的作业和论文一一进行点评并给出建议。除了书面评语，还会有当指导。我曾参加过一门课，老师专门用了三个课时的时间，把学生轮流叫到办公室对他们的课程论文进行点评和指导。

2. 中国：以专业为导向的课程学习

R 校博士生的课程学习时间通常为一年，成绩考核合格后，第二年进行博士学位候选人资格考试（学科综合考试），合格后进行学位论文开题报告。每个学院基本都按公共课、方法课、专业课、选修课和先修课五个类别设置课程。各个学院对学分的要求较为一致，一般总学分不少于 22 学分，其中专业课不少于 9 学分，方法课不少于 6 学分，选修课不少于 2 学分，公共课不少于 5 学分，跨专业入学的博士生还需修先修课不少于 2 门。各类课程均由学院设置和提供，学生可以在课程计划中进行选择，但选择余地不大。R 校在一级学科范围内，整合学校资源，在全校范围针对人文社会科学博士生开设的方法课只有 6 门，分别是经济模型、计量经济分析、科学与逻辑方法论、统计模型与应用、时间序列分析、抽样调查的理论与分析，这些方法课以量化研究方法为主。不同的学院根据学科知识特性对博士生的知识结构提出了具体要求，例如社会保障专业要求学生掌握"马克思主义、毛泽东思想和邓小平理论；扎实的经济学（含公共经济学、货币金融学等分支经济学）、公共管理学、社会学、人口学知识，较好的统计学、数学、外语、计算机基础；系统而深入的社会保障理论和历史知识，熟悉社会保障的国际最新动态和前沿知识"①。R 校对博士生的知识结构要求基本体现了对专业基础理论和方法、跨学科知识及前沿知识的重视，通过进一步的博士生访谈，我认为 R 校的课程设置和课程教学具有以下特点。

一是课程设置以专业为导向。R 校研究生院和各学院都非常重视博士生培养方案的制定，每个学院都在全校研究生培养手册的基础之上，为本院的博士生制定了具体的培养方案，培养方案中对博士生的知识结构、博士生培养的课程设置及学分组成都做出了具体规定。课程设置在总体上体现了整体性和规范性，但对博士生个体课程体系的设置，不仅在观念上没有引起足够的重视，而且在实践操作中也比较缺乏。蔡恒西认为自己没有通过课程得到很好的提升，他觉得"现在的课基本上可

---

① 摘自 R 校社会保障专业培养方案。

以砍掉三分之一"，尤其是全校公共课，占用了大量时间，使得自己没有时间和精力再去选修其他课程。另外，蔡恒西认为可以在保留一些核心课程的基础上，"根据自己的兴趣、研究领域、研究的问题选择有帮助的其他课程，而现在有些课程，对自己没有什么帮助，但还必须去上，一上就是一上午或一晚上，比较浪费时间"。在学校的统一要求下，博士生需要完成一些专业必修课程，其中部分课程规模太大，影响了博士生的上课效果。蔡恒西认为，应该尽量减少这种必修的大课，大课会涉及很多专业的学生，各专业之间差别很大，"当时我们学院所有专业一起上方法课，有点问题，明显我们的专业量化底子弱一点，××专业和××专业的则比较好。如果不是为了照顾我们，他们就没有必要上这门课，而上他们课的我们又听不懂。我去听过他们的课，一上课就讲统计，结果我们专业的全懵了"。R 校在课程设置时更多的是基于学科专业考虑，在很多环节有着过于统一的规定，忽视了博士生的个性化需求。据了解，R 校每位博士生在入学三个月内会和导师共同拟定一份个人培养计划，但培养计划中重视对经典文献的阅读，而缺乏对课程选择的有效指导。在国外学习一年的林南通过中美课程学习的比较，对课程的个性化设置感触颇深：

> 我们博士生就这几类课，要求什么你就上什么，而且博士就是博士的课，硕士就是硕士的课。但美国不一样，它的课有代码，有可能这个博士想做一个量化研究，但还没学过量化研究方法，他就可能跟本科生一块上方法课，他是根据他自己的问题去设计课程，根据课的难易层次去选择学习。

而我们的培养方案对课程设置的灵活性就没有那么强。

R 校以专业为导向的课程设置还体现在文献阅读课的组织
和安排上。2006 年 R 校研究生院实施研究生培养机制改革，其
重要内容之一是设立博士点专业文献阅读课，以各专业汇编完
成的文献集为主要教材和线索设立研读课程，着重提高博士生
对本学科专业理论体系的逻辑分析和把握能力，提高博士生对
本学科专业文献阅读的针对性和效率。博士点专业文献与"专
业必读书目"的内容相似，但有以下两点区别：其一，各博士
点学科围绕专业文献设立相应的系列研读课程，博士生在导师
和认可教师指导下，研读本学科或相近学科的专业主文献，以
提高研究生专业文献阅读的针对性和效率；其二，是博士生进
行专业综合考试的考试范围和参考书目。通常，该专业老师共
同拟定本专业的主要经典文献，编辑成册提供给博士生学习。
尽管文献文集尽可能收录了该专业的一些经典文献，但覃传文
认为："我们现在没有建立起常规的机制来让我们意识到，我们
有些什么理论可以学习和运用。以经济学文献为主，对我们这
种不做定量研究的人来说，很难从中汲取东西；而且这些文献
只是简单罗列，不告诉你哪些是重点，哪些不是重点，或者哪
些是前沿的，哪些是比较经典的东西。我曾看过约翰霍普金斯
大学的医疗保险的经典论文，大概只有十几篇，那十几篇我基
本上在文献中都看到过，就是大家都会引用的那些文献。"文献
质量不高、重点不突出、实用性不强等问题在其他专业同样存
在。为了改善上课质量，蔡恒西的导师决定放弃使用学院拟定
的文献教材，而是为博士生列出 50 本英文书，全班 24 个人每

人选择两本书精读。"书目都是分专题分阶段的，初期、发展期、当代的，过了某一个时期，会有一个总结，老师会有一个梳理，他自己会讲 40 分钟到一个小时的课，帮学生梳理一下。我们一般是从（该学科）最开始诞生时期，最后读到当代，相当于一学期下来把这个学科的历史走了一遍。"和蔡恒西的导师一样，R 校很多老师都在文献课程教学上发挥了主观能动性和创新性，从个体层面弥补了一些课程在管理上的不足。

二是教学与科研结合不紧密。本研究涉及的 R 校博士生普遍反映理论课和方法课的实用性不强，学了之后不会用让他们十分苦恼，我认为主要原因在于博士生的课程学习没有与自己的研究兴趣和研究问题相结合，课程讲授的方法大多是基于课程统一材料，博士生很少有机会就自己感兴趣的研究问题在课堂上加以运用。蔡恒西认为方法课不应该抽象地讲授，也不一定要让老师来讲，而是"可以请研究方法运用比较好的人，讲讲他是怎么用这个方法去研究的，怎么假设，怎么把概念操作化，怎么用指标的，怎么把问题抽离出来，就是把过程走一遍，手把手教你一遍，这样就比较好。"此外，一些博士生对课程的重要性认识不足，认为课程学习对自己学位论文研究帮助不大，可有可无。李娜等人在对中国 W 校博士生进行课堂评价的调研中发现，在评价"研究生课堂教学中存在的主要问题"时，有13.6%的博士生选择了"学生自己不重视"，这些博士生认为课堂重要，却缺乏重视，从中可以看出博士研究生对课堂教学存在一定程度的失望。[1]

---

[1] 李娜、林聪：《博士研究生对课堂教学评价的实证研究——基于 W 大学的个案调查与分析》，《高校教育管理》2013 年第 5 期，第 106~111 页。

三　导师导航

1. 美国：兴趣相投的引路人

在美国读博，导师并非入学即确定，而是根据学生需要和问题导向逐步确定，实为"论文导师"。兴趣契合是社会科学博士生选择导师考虑的首要因素。Golde 的研究也显示，65.2% 的博士生认为研究兴趣的契合是选择导师的主要考虑因素。[①]

> Lina：我们学院需要我们学生自己去努力寻找一个和自己的研究兴趣相契合的导师，而不是说你直接进入一个导师的项目，然后你的博士论文基于导师的项目完成……

> Wendy：在选择导师之前，我大量地阅读了他们的学术著作，我一定要在 100% 确定我的研究兴趣和他们相契合的情况下才会选择他们……

> Lily：我和我的导师的研究就像在同一把大伞下，我们属于同一个领域，都是研究家庭看护，我关注的是代际沟通，而她关注的是养老院的护理过程……但我们都是做质化研究的。

> Smile：我和我的导师都是做人口统计学的，我现在研

[①]　C. M. Golde, T. M. Dore., *At Crosss Purposes: What the Experiences of Today's Doctoral Students Reveal about Doctoral Education* (Philadelphia: The Pew Charitable Trusts, 2001).

究的问题我的导师以前也研究过，我们所运用的研究方法也一致，都是以量化为主的研究方法。

作为导师，应该"作为学生的学术顾问、信息提供者并协助学生的学习和研究"，其最主要的职责是"批准学生的研究方案，指导学生对特定课程的学习，帮助学生按培养进度发起申请"。[①]Gigi 告诉我，她刚入学的时候被老师安排和一个博三的师兄在一个办公室，在日常交往的过程中，她从师兄那里学到了很多经验，而当她博三的时候，又有一个新生被安排进来和 Gigi 一个办公室，这时 Gigi 才明白这是自己的导师有意为之，目的就是为了传帮带，使新生更顺利地适应博士学习。

L 校要求在第一年末，学生需要选择 2 名本院其他老师和 1 名院外导师组成指导委员会，开始对学生的论文进行指导。指导委员会的主席不一定是学生的导师，但这个角色通常由学生的导师来担任。指导委员会的成员最好能涵盖论文所涉及的所有学科，以便对博士生论文予以全面充分的指导。在选择指导委员会老师方面，Cindy 介绍了她的经验：

> 一般情况下我会跟我的老师商量，他会根据我的研究问题和研究兴趣帮我权衡，建议我这个问题找哪个老师比较合适，老师之间也是互相帮忙，互相帮对方的学生。这个就是一个惯例。

Gigi 告诉我，她的指导委员会的每一位老师都在不同的方

---

① 引自 L 校教育学院高等教育系学生手册。

面发挥着重要作用，她通过上其他学院的课程认识了该课的主讲老师，后来这个老师也成为了她指导委员会里的一员：

> 根据我论文需要运用的理论，我的导师建议我去社会学院选修组织文化理论的相关课程。在那门课上，我认识了主讲老师，觉得他能够在理论方面给予我很好的指导，跟他商量之后，他同意作为我指导委员会里的一员。

在课程学习阶段，也就是博士生专业社会化的第一阶段，学生在导师和指导委员会的帮助下，会经历两件对社会化十分重要的事情，一是和指导委员会商定研究方向，二是在指导委员会的建议下，拟定学习计划，确定资格考试范围。这个阶段的指导方式是以老师为主导的。在确定研究方向阶段，指导委员会会在学生的研究兴趣中帮助学生选定一个题目并给予建议。Mike 起初一直对优生学感兴趣，他的导师也同意他在博士阶段研究这个选题，但和指导委员会另外一位老师商量时，该老师建议他换一个题目，理由是：优生学是个有意思的话题，但优生学是个非常窄的领域，如果他博士期间研究这个并以此写作博士学位论文的话，可能会影响将来就业。在老师的建议之下，Mike 决定改换另一个自己感兴趣的研究选题，但优生学仍将作为他今后步入学术职业后的选择。在确定研究问题后，指导委员会的老师会在各自的领域里为学生确定要学习和参考的文献，通常是一系列书单，Smile 认为这是一段十分难忘的经历：

> 为了准备我的资格考试，我要读完老师们推荐给我的

所有文献。可能有超过 50 本书，还有几百篇文章，这些文献都是围绕着你的研究主题设定的。读文献的日子压力挺大的，也挺苦的，因为资格考试的时候，老师们给你出 4 ~ 5 个比较宽泛的题目，大多是关于你的研究领域的基本问题，然后你需要根据你所读的文献，来回答这些问题，每个问题大概要写 5 ~ 10 页，当然了，你有 1 ~ 2 周的时间来写，这是开卷的。通过读这些文献，回答整理这些基本问题，我认为我为自己打好了一个理论基础，这很好……

在这个阶段，老师指导的另一个方式，是通过上课来实现。除了研讨课上师生的讨论之外，学生在每 1 ~ 2 周举行的研究组会①上，接受导师针对性的指导。组会用一种制度化的方式为师生学术交流搭建了正式平台，使导师对学生的指导常规化，保证了师生交流的频率和质量。

导师个别指导和指导委员会集体指导相结合的制度是美国博士生教育的一个特色，它充分体现了美国博士生教育的人本理念，以学生为中心，集众家之长对博士生进行全方面的指导。

2. 中国：自上而下的导航者

中国博士生培养实行导师负责制，即"师傅带徒弟"，学生入学即定导师，由导师对博士生的学习、科研、生活及品德等各方面进行个别指导并全面负责。每位博士生须有指导教师，导师在制定研究生培养计划、年度学习计划、论文工作计划等方面发挥主导作用，并直接指导和检查研究生的科学研究和学

---

① 计入学分的专业研讨课，形式由老师决定，通常由老师组织自己指导的博士生（或感兴趣的博士生）每 1 ~ 2 周召开讨论会，每次课上若干名学生汇报近期研究进展，老师和其他学生给予反馈意见，每个学生将研究想法付诸实施，形成一定的研究成果。

位论文工作，全面关心研究生德、智、体诸方面的发展和成长，做到教书育人。[①] 总体上看，师生双方在这一阶段处于了解磨合期，导师在这一阶段主要对博士生进行宏观性指导，指导频率和效果因人而异。蔡恒西描述了他与导师第一次正式谈话的经历：

> 刚入学，我去见导师，他问我都读过什么书。了解了我的学术背景后，他让我读读这些人的书：从柏拉图，到霍布斯、洛克、卢梭、蜜尔、斯密、罗尔斯、洛奇可、博斯曼、罗伊等，大概有 11 个人左右的书，罗尔斯的比较多。每个人大概挑出 1～2 本经典著作，这样下来应该有个15、16 本书。

蔡恒西的导师为他的学习绘制了一幅经典人物的图谱，为他进一步阅读和研究提供了思路和指导。据了解，R 校并没有对导师和学生在这一阶段的互动做出明确规定，博士生在这个阶段主要忙于课程的学习，与导师的接触取决于不同老师的不同指导风格，总体上导师在这个阶段主要对博士生进行一些宏观性的指导，在指导的过程中增进双方的相互了解。

除了上课以外，博士生在这一阶段需要完成的另一个重要任务就是发现自己的研究兴趣和具体的研究问题。与美国博士生不同的是，中国的很多博士生在入学时并不明确自己的研究意向，因此，在知识消费阶段确定自己的研究选题对于很多博士生来说都是一大挑战。在这个摸索的过程中，有的博士生得

---

① 秦惠民主编《学位与研究生教育大辞典》，北京理工大学出版社，1994。

到了导师的指导，而有的博士生却花费了大量的时间独自在困惑中挣扎，正如覃传文所说：

> 我觉得最大的挑战就是你敢不敢一入学的时候就确定自己的研究方向。因为我觉得实际上我们中国的研究生，尤其是博士研究生，虽然每个人在报考博士的时候都写了一个研究计划，但实际上没有几个人是真正按照那个计划做的，我们入学时，其实是不清楚自己要做什么的。一入学就确定一个研究方向，这个对你前期的准备等各方面的要求是很高的，你必须得在你入学前已经做了很充足的准备，但其实我们大多数的博士生是没有做好这个准备的，我觉得。

事实上，博士生在一开始通常没有足够的能力确定一个好的选题，一个好的研究选题必然是在长期积累和实践的过程中发现的，同时也是在老师的指导下完善的。访谈得知，在覃传文的整个课程学习阶段，他的导师并没有参与到他的专业社会化过程中去，一方面是因为他的导师校外事务较多，另一方面则由于他并没有主动去找老师寻求帮助，因此他的导师可能并不了解他的困惑。中国文化下的师生关系不同于美国师生基于契约原则的关系（师生对彼此的责任和义务十分明确，在日常交往中依照这些原则行事），中国的师生关系往往以"情"代"理"，学生怕给老师添麻烦、担心在老师面前露怯，往往错过了在必要时机获得导师指导的机会。目前虽有部分学校逐步推行导师个别指导和集体指导相结合的模式，但受访学生反映，指导委员会发挥的作用并不均衡、不充分。

第三章　专业社会化阶段二：
准研究者与缄默知识整合

在专业社会化的第一个阶段，博士生主要经历了课程学习，了解博士生培养的相关规范和要求，所进行的主要知识活动是对以书本文字、规范条例等形式存在的显性知识的消费。结束了课程学习、进入专业社会化第二个阶段后，博士生的培养过程更加个人化，这个阶段，博士生的知识活动主要是在一系列学术活动中、在师传徒授的过程中、在同辈互动中学习一系列经验，这些经验知识由于难以言述，被称为缄默知识。缄默知识（tacit knowledge）是由英国思想家波兰尼提出的，他认为人类的知识有两种，通常所说的知识是用书面文字或地图、公式来表达的，这只是知识的一种形式，还有一种知识是不能系统表述的，例如我们有关自己行为的某种知识或经验，这就是缄默知识，"缄默"一词有"只可意会不可言传"之意[①]。博士生的缄默知识一般无法通过正式的教育形式传递（例如课程），而是在个人化的不同经历中获得的经验，博士生个人的知识深深

---

① Polanyi M., *The Study of Man* (London：Routledge&Kegan Paul, 1957).

地植根于那些不能充分表达的经验之中。对于博士生而言，缄默知识是个体内部认知整合的结果，是完整、和谐、统一的主体人格的有机组成部分，对博士生的专业发展起着决定性作用。在这一阶段，博士生像一个准研究者一样，逐渐摆脱学生气，更加明确自己的专业目标，并能够通过整合经验中发展而来的知识独立地为自己的研究意向和研究策略做决定，同时不断地对自己先前的期望与行为做出调整。

一 角色调整

博士生在这一阶段通过科研活动和师生互动获得新的角色认知，并不断进行角色调整，包括对角色的重新认识、对专业角色的定位、为专业角色寻找合适的研究策略、角色反思等。

1. 美国："像准研究者一样思考"

（1）定位

"我是研究什么（领域）问题的"是很多博士生在介绍自己时的符号用语，他们所研究的领域和研究问题往往会成为自己作为博士生的一个鲜明标签。美国研究生院委员会指出，博士生教育，是要让学生通过选择一个领域进行专攻并与一位老师合作，继而成为一名学者。[①] 明确一个专攻领域中具体的某个研究问题，对博士生来说至关重要，这也是很多博士生从入学开始就不断探索的问题。结束课程学习的博士生面临的首要问题也正是确定一个可以作为博士学位论文选题的研究问题，而博士生之后的所有时间精力的投入，都将围绕这个研究问题而

---

① Council of Graduate Schools, *The Ph. D. : A Policy Statement*, 1990.

展开。很多博士生是带着自己的研究兴趣或研究设想进入博士学习的，但通过第一阶段的课程学习以及与老师交流，他们会谨慎地、适当地调整自己的专攻问题。"你研究什么问题非常重要，它可能将影响你整个学术生涯的发展方向。你必须学会像一个你即将成为的研究者一样思考这些问题。"（Jack 语）Jack所说的"像一个准研究者一样思考问题"，正是这一节要探讨的博士生如何定位自己的专业角色，运用何种策略展开研究，以及如何调整自己的角色认识等一系列问题。

本研究的美国博士生表现出很强的独立性和自主性，例如Gigi，她非常坚定地选择自己感兴趣的问题进行研究，据我了解，Gigi 的导师主持很多重大研究项目，她的一些同门博士生选择跟着导师一起做项目，并从中选一个问题深入研究并发展成博士学位论文。进一步对 Gigi 的决定追问后，她告诉我：

> 我对我导师的研究课题也很有兴趣，她是研究 STEM[①]教育的，从我进入这个学院之后，我有很多和导师一起做 STEM 项目的经历，而且我之前工作的那几年接触的也都是 STEM 学生，所以我是喜欢做这些项目的，我认为它们很棒，我导师的这些项目有丰富的数据，我们一起做了很多研究，写了很多文章。但我仍然希望能够聚焦于我自己最关注的，和我的民族有关系的问题，我导师也支持我这

---

① STEM 代表科学（Science）、技术（Technology）、工程（Engineering）、数学（Mathematics）。STEM 教育就是科学、技术、工程、数学的教育。在国家实力的比较中，获得 STEM 学位的人数成为一个重要的指标。美国政府 STEM 计划是一项鼓励学生主修科学、技术、工程和数学（STEM）领域的计划，并不断加大科学、技术、工程和数学教育的投入，培养学生的科技理工素养。

样做。

　　Gigi 在跟随导师做研究的过程中不断地寻找和调整自己的定位，面对她并不排斥的研究项目、丰富的研究数据和老师的指导，她还是坚定地选择倾听她内心的声音，因为研究与她本民族有关的教育问题才是她决定读博的内在动力，而与此同时，导师的支持也让她能够安心做自己的选择。与 Gigi 相比，Nancy 的选择过程显得更为曲折，但最终也选择了自己真正感兴趣的问题进行研究：

　　　　确定博士论文研究的选题对我来说是一个十分漫长而又极度痛苦的过程。我尝试过很多的题目，最终花了很长时间才定下选题，大概在我博士第五年的时候吧。原本我打算继续研究硕士阶段的选题，但我知道自己没有太多热情在里面。我真的想找到自己真正喜欢的研究问题，我想做一些有意思的而不仅仅是有用的研究，我想这样会让我更开心。我尝试过太多的项目了，直到我加入一个公益组织之后，我发现自己对有色人种的问题很感兴趣，但当时我迟疑过，因为我的导师组里面没有人是研究这个的，反复思考后，我终于决定做这个题目，因为我自己感兴趣。我的导师组可以在研究方法上指导我，这也很好。

　　"一个漫长而又极度痛苦的过程"是很多博士生在选题过程中的内心写照，因为完成一篇博士学位论文需要的不仅仅是一腔热忱，还要考虑到调研的可操作性、数据的可获得性以及研究经费保障等客观条件，坚持选择自己感兴趣的话题有时候也是一种冒险。Deny 就在这种冒险中及时意识到了存在的不确定性和风险，他发现盲目坚持自己感兴趣的东西让他"没有安全感"。他对中国的社会问题感兴趣，他所在学院是做亚洲人口问题研究的，为了使自己处在支持性的环境中，他选择研究中国的人口问题。"但我一开始对这个选题没有兴趣，直到现在我才发现有那么一点兴趣，我的经验是还是不要太偏离自己导师研究的领域。"（Deny 语）与 Deny 相似的是，Mike 也在论文选题上经历了从偏执到相对理智地抉择和调整的过程。前文提到了 Mike 从本科开始就对优生学感兴趣，他一直坚信这是可以使人类变得更好的事业："我花了整整一个学期的时间来思考怎么对我这个选题进行研究，如何设计我的研究方案，我参考了所有这方面的文献资料，我认为我能够做这个研究。"但到了真正要确定选题的时候，他导师组的一位老师对此提出了异议，认为优生学是一个比较敏感而矛盾的话题，需要花很多功夫先消除人们对这个问题的偏见，如果坚持要做，那么将来找工作的时候也会很面临困难。导师的建议令 Mike 非常懊恼，经过理性思考后，Mike 认同了导师的想法：

> 我想那位老师给我的建议是对的，我确实不应该在现在这个阶段做这个研究。于是我又从头梳理我的学习经历，我想看看我以前都做过些什么，我擅长做些什么问题，哪些问题可以与我的研究兴趣相关联，直至后来确定了我现在的题目。我想这个题目，人们会更容易接受吧，我个人对这个题目也是很有兴趣的。

（2）策略

博士生在这一阶段还没有开始真正独立地开展研究，但他们已经像一个准研究者一样理性地为自己将要进行的研究制定策略。通过这一阶段的学术训练，博士生们更加认识到自己的能力倾向和兴趣所在，他们尝试着对自己的角色特性做出界定：

Mike：我是一个比较质性的人，用质化的研究方法研究教育的问题让我感觉非常舒服，我更喜欢去对事物做一些有意义的解释。

Lily：每个人都有自己的天分，社会科学多数是对人的研究，你需要去了解人们内心的想法，所以我做质化研究。数字和统计对我来说有一定帮助，这一点我不否认，但在这些数字背后，往往有着更重要的东西。不管怎样，我还是对了解人们所思所想更感兴趣，我认为这能够赋予事物更深层的理解。

Amy：我热爱和数据有关的研究，每当我获得丰富的数据，想到可以通过我的思路和一些统计技术得到一些有意思的发现，我就很兴奋。

Smile：我一直是一个做人口统计的研究人员，我比较擅长做数据分析。

博士生在这一个阶段，对自身能力倾向的认识逐渐清晰，像一个准研究者一样，为自己的角色定位选择合适的策略。本研究的一些博士生在选择研究方法的过程中表现出了很强的"策略性"，比如 George 就是这样的一个人：

> 我认为用量化方法研究我这个领域的一些问题是比较合适的。但我并不打算将我的博士论文建立在大量数据收集和分析的基础之上，因为我看到很多同学是这样做的，他们原本有一个很好的研究计划，但收集数据太难了，或者是根本没有足够的经费去完成调研，所以作为一个博士生，我想我现在先不去研究这样的基于大规模数据收集的问题，相反，我的论文将会采取非常灵活的方式，即收集一部分可以得到的数据，再做一些深入的质化调研，将二者相结合。

George 的研究策略看似是一种"妥协"，但却充分体现了作为一个博士生对自己的理想与能力的理性权衡，他在学习过程中领悟到的关于"什么样的研究方法更适合"、"有什么样的可行性"等缄默知识有效地指导着自己的行动。

（3）反思

博士生在这一阶段不断地反思自己对角色的认识。Gigi 发现当个"博士妈妈"并不容易，她们常常需要像一个单人乐队，同时完成多个人的演奏，家务劳动之后需要看书至午夜，有孩子的更是只能见缝插针地学习。斯柏林等人的研究认为女性学者的学术生涯受到生儿育女或其他家庭责任的影响。[①] 通常，女

---

① 参见托尼·比彻、保罗·特洛勒尔《学术部落及其领地——知识探索与学科文化》，唐跃勤、蒲茂华、陈洪捷等译，北京大学出版社，2008，第 162 页。

性比男性更难从对配偶或孩子的责任中脱身，抽出一段无家务干扰的完整时间投入学科研究，收集资料、数据分析或论文写作等活动都需要投入持续而专注的精力。Gigi 有两个小孩，平时她选择在家学习，我对她的访谈还是在她的家中进行的，其间她的孩子不停地打喷嚏，她需要一边回答我的问题，一边照顾孩子。在这个阶段，Gigi 逐渐认识到，做一个"博士妈妈"可能要花费比其他人更多的精力和时间来完成学业。而有关调查研究也表明，有孩子的女博士，将更加可能中途辍学，或者完成学业的年限将更长。①

George 是公共管理的一名博士生，他刚入学就表现出对参与课题极大的兴趣，但 George 参与的大多数课题的学术性不强，他调侃地称自己为"企业家"。而在这一阶段，随着个人学术能力的成长以及学位论文的任务紧迫性增加，George 也逐渐意识到，自己不应该像个"企业家"一样参与到太多的项目中去：

> 我想我跑得有点快，我一直在做不同的项目，得到很多的报酬，但我想我似乎应该停下来，去好好思考一些更宏大的理论方面的问题……下一步，我想用我挣来的这些钱，全心投入到我自己的学术研究中，因为人们希望你成为某个领域的专家，而不是仅仅会做很多不同事情的人。

---

① Nettles M. T., Catherine M. M., *Three Magic Letters*: *Getting to PhD*（Pxix. Baltimore: Johns Hopkins University Press，2006），p. 203.

2. 中国："非典型性博士生"

（1）重新认识

随着专业社会化的不断深入，博士生对于自身专业角色有了很多来自直接经验的重新认识，根据这种更为客观的认识，博士生相继采取了一些行为调整，从而更加符合专业角色的要求。

"非典型性博士生"是蔡恒西在接受我访谈时对自己的一种界定。起初，蔡恒西眼中"典型"的博士生应该至少具有两个特点：一是古板的学究，二是学术成果丰富。但蔡恒西在和同辈互动的过程中，发现自己以及身边的很多博士生都亲切随和，思维敏捷，并不给人感觉很学究的样子。此外，在学术成果方面，蔡恒西认识到不应该以数量来衡量博士生的学术水平，真正有学术含量的成果是需要积累的：

> 我一心想去写个有点价值的好文章出来，希望自己的论文不是别人看了一眼就直接放到回收站的文章。我们往往忽略了一个问题，就是写文章也是慢慢练出来的，一下子写出来好的，基本上也很难。

蔡恒西其实是在用"非典型性博士生"来表明自己对专业角色的一种态度，他在日常学习交流的过程中逐渐认识到，博士是可以严肃而不失亲切活泼的，博士也不必要变成一个写论文的机器，而是应该产出高质量的学术成果。和蔡恒西一样，本研究的其他中国博士生们也在学习实践中不断调整着自己的角色认识。在覃传文眼里，"典型的博士生"大多比较独立，而这种独立也造成了博士生之间的一种封闭状态，他说："到了博士这个阶段，每个人的研究方向不一样，大家在一起的时间是非常的有限的，很多人没有那个意识出去跟其他的学生去交流，我觉得这样是比较封闭的。"和很多博士生不同的是，覃传文认为博士学习很重要的一点就是分享观念，在他看来，很多有价值的灵感和思想都是在交流中收获的。为了改善博士生的这种封闭的状态，作为班长的覃传文建立起一个QQ群，召集了全国几百名该专业的博士加入该群进行信息共享。从一个相对封闭的状态到一个积极的联络人，我看到了覃传文在这个过程中的主动性，他对博士这个角色有了一定认识后，积极做出反馈和调整，并找到了很多切实可行的改善方法。

然而，还有一些博士生在学习体验逐渐深入的过程中，对专业角色要求有了更全面的认识，但他们自身却因为种种原因无法调整并适应专业角色的要求，其中，跨专业学习是角色调整不顺利的一个重要原因。胡永征跨专业读博的经历就是一个鲜明的例子：

> 因为我一直学的中文，是一种人文科学的思维方式，现在学社会科学，这种转型很难，特别难，要把之前的思维先抹掉，然后再转化成这个，特别难。反正我感觉不好，首先是因为我们这个学科正处于一种转型吧，它从一种很松散的、不规范的学科向一个比较规范的学科转变，我就处在这个过程中。我本身是一个中文系的毕业生，过来后又没有经过正规的指导，所以就很麻烦嘛。

胡永征所谓的学科思维指的就是长期浸在一个学科里所获得的缄默知识，包括对学科内容的掌握、对学科范式和思想风格的熟悉以及对学科的理智技能的运用。由于跨专业读博，胡永征难以很快地从人文学科的思维方式转变到社会学科的思维方式，加之他现在所学的专业一直都存在"学科"与"领域"的争议，学科范式不清晰，使得胡永征在学习过程中很难找到"抓手"和着力点，因此，跨专业读博的经历使得包括胡永征在内的很多博士生在角色调整期表现出强烈的不适应感，这种不适应感将对博士生在整个阶段的学习过程产生消极影响。学者John Smart 的研究也表明，坚持本专业学习的博士生比跨专业学习的博士生拥有更好的师生关系，对博士生教育更为满意。[①]

（2）定位与策略

本研究的中国博士生在角色调整和自我定位的过程中形成了两种模式：一种是保守模式，即以研究的可行性作为选择角色定位的首要考虑要素，淡化了自身的研究兴趣；一种是冒险模式，即坚持自己的研究兴趣，偏离导师的学术背景或缺乏研究的可行性保障。两种模式均不是最优策略，这与博士生最初目标不明确、自我认识不清晰不无关联。

由于研究数据的缺乏，蔡恒西调整了他的研究策略：

> 我最理想的是做一个量化的研究，但是我现在做不了，因为这方面的数据是保密级的，你拿不到的，有时候即使你有数据，它也是不完整的。后来我就决定做案例。但是

---

① Smart John C. , "Student Satisfaction with Graduate Education," *Journal of College Student Personnel* 28 （3） （1987）, pp. 218 – 222.

案例里面也涉及问题，我关心的问题只能根据现在一些新闻媒体报道出来的，有些你想要的资料也很难找。

我国博士教育的基本学制为 3~4 年，与美国相比，我国的博士生培养年限较短，除去上课和科研实践的时间，在短时间内完成一篇质量较高的博士学位论文对很多博士生来说都是一大挑战，在研究可行性较高的条件下，很多博士生并不会"舍近求远"追求自己最想研究的问题，而是选择了相对保险的研究策略。

林南选择了冒险模式，在找不到理论支撑、导师也不支持的情况下，她依旧铤而走险，坚持自己的决定：

> 在出国之前，我只有一个笼统的想法，就是要研究教育公平的问题，其实是想写农村学生，因为自己属于这样一个群体，做这么多年学问，也想为自己说话一次，我当时就坚持写这个，我不敢肯定这个理论和实践意义有多大，但是它是我想说的话，是我想关注的群体为这个群体说的话。

"为自己说一次话"和"为这个群体说话"代表了很大一部分博士生在定位"博士"这个角色的意义时的真实想法，这也是博士生在角色调整阶段，将自我信念与专业角色相结合的结果，小到为自己说话，大到为某一个社会弱势群体说话，体现的是一种学术使命感和冒险精神。

二　科研训练

这一阶段，博士生获得专业经验、提升学术能力主要是通过资格考核、参加学术会议、担任助教和助研、参加研讨会、发表论文、科研训练等途径实现，这些经历并不像课程学习一样有统一的"教材"或"指导手册"，博士生需要在自己的学习实践中领悟，继而形成一些能够有效指导行动的缄默知识。每个博士生的投入和侧重点有所不同，而每个博士生对缄默知识的整合程度决定了他们作为一个准研究者的综合能力。

1. 研讨会

美国博士生在结束系列理论和方法课程后，通常需要参加为期一年的专题研讨会。该研讨会计入学分，在一名教师的指导下，学生共同合作。每次课由若干名学生汇报近期研究进展，老师和其他学生给予反馈意见，每个学生将研究想法付诸实施，最终撰写一篇能够发表的研究论文（通常为实证论文），又称资格论文。我访谈的 4 位教育学院的博士生都不约而同地提到研讨会，研讨会在他们的博士学习经历中扮演了十分重要的角色。Gigi 告诉我，她要做质化研究，但之前做量化研究的经历较多，急需得到质化研究的指导，于是她选择了一位擅长质化研究的 J 老师开设的专题研讨会，收获很多：

> 在研讨会上，我有很多机会汇报我的研究进展，并得到老师和同学很好的反馈和建议。J 的一些学生，在刚读博一的时候就来参加研讨会，他们能通过向高年级的学生请

教，提前体验博士学习的整个过程，例如他们可以看到我们发展论文的整个过程：从两页纸的一个研究大纲，再经过修改，到几十页的研究计划，再到答辩……这是一个很好的学习机会。

研讨会的形式比较灵活，以自由式讨论为主，最后一般由老师做总结性的点评和指导。研讨会为博士生提供了一个正式的沟通和相互学习取经的渠道，老师参加研讨会的工作时间计入工作量，它将老师指导学生以制度的方式固定下来，以学生为中心，针对性地解决学生在研究过程中遇到的问题。通过参加研讨会撰写资格论文，是博士生进入下一阶段研究的前提，也是师生针对性指导、共同合作研究的良好机制，为博士生提供了在做中学的重要平台。

2. 资格考试/综合考试

资格考试/综合考试标志着博士生专业社会化阶段一的结束和阶段二的开始，通常在课程学习结束之后，各院系会举行一次考试（笔试和口试），考试通过的学生则成为博士生候选人。

在美国，资格考试体现了博士生培养"过程淘汰"的原则，资格考试与论文答辩是博士生学业中的两个里程碑，资格考试既是对前两年课程学习效果及学生学术准备的一个全面考察，也是决定博士生能否成为博士候选人继而进行论文研究的关键环节，综合考试有一定的难度，淘汰率一般为5%～20%[1]。资格考试在博士生的专业社会化过程中有着重要的作用，一方面，

---

[1] 刘献君：《发达国家博士生教育中的创新人才培养》，华中科技大学出版社，2010，第71页。

博士生通过资格考试检验学术基础，另一方面，资格考试居高不下的淘汰率使得一些博士生的学业止于这决定性的一搏。正如 Cindy 所说：

> 我们的老师还是比较友好的，他会先和你谈话。如果你最终的目标是想设计一个研究，那他出题的时候会要求你设计一个研究；如果你希望掌握所学理论，他出题的时候可能要求你做一个综述。你可以和老师商量。资格考试的目的不是为了把你"干掉"，而是为了帮助你学习。

从 Cindy 的介绍中可以看出，各个学院在资格考试上拥有一定程度的灵活性，很多学院的资格考试甚至对学生进行个性化的设计，考试的目的在于检测学生的学习效果和潜能，而不是淘汰掉学生。

由于每个学院资格考试的方式不同，博士生的经历和感受也不相同。教育学院的 Mike 在资格考试中表现出众，其笔试和批判论文显示出了牢固的学科基础和批判性思维，获得了学院的奖励，这个奖励对 Mike 的意义在于，"我并不觉得资格考试很难，这个奖给我一个信号，让我知道我做的是对的，我应该继续往前走，这对我来说是让我坚持下去的一种莫大的激励"。与 Mike 相比，Gigi 花费了更多的精力准备考试，她对批判论文这个环节记忆犹新：

> 我们需要评论一篇已经发表的文章，这些文章本身已经很优秀了，但我们仍然需要对它做批判性评论，为了进

行合理批判，你就需要了解文章所涉及的理论和方法。我当时是和其他人想了一个办法，我们组成了一个小组，反其道而行之，先把公认的最经典的文章拿出来阅读，这样我们就对哪些方面是好的有了一定的了解，这样就更容易发现其他文章中不够好的地方。

批判往往是创造的前提，我们通过 Gigi 的经历，可以看到美国学校对批判性思维培养的重视。本研究博士生的经历，都反映出他们对于资格考试有着各自的理解及应对，认为在资格考试中有所收获，虽然考试有一定的被淘汰的风险，但大家都明白："老师出题考你不是为了'毙'了你，而是真的希望你能从中有所提高。"（Cindy 语）

与美国相比，中国高校对博士生实行的学科综合考试主要考察学生的课程学习成果，以笔试和口试为主，内容较为宽泛，"过程淘汰"的功能不明显。就 R 校而言，学科综合考试主要考察博士生对经典文献的掌握，"主要就是对你博一的一个综合知识的测验，譬如你这个对文献的熟悉程度，你对某些理论和前沿性问题的看法；笔试就是关于我们平时的文献阅读，然后给你一个社会问题，你如何运用所学进行分析，是对你的一个综合能力的测评。"（杨丙路语）多数博士生表示这项考试未能突出对博士生研究能力和潜力的考察。在博士生的培养上，我国更加强调结果淘汰，即以学位论文是否合格作为淘汰博士生的标准。

3. 发表论文

发表期刊论文与完成学位论文有着很大的区别，尤其体现在写作篇幅、写作过程和技巧等方面。发表期刊论文从选题、收集资料、写作、投稿到修改的一系列过程，是博士生将来在学术职业中的一项主要工作，能否胜任期刊论文的发表是博士生专业社会化中的一个重要环节。

美国绝大多数高校并没有对博士生的期刊论文发表做出硬性要求，但受金融危机的冲击，美国的学术市场消沉，博士生在找工作的过程中感受到了日益激烈的竞争，而要在竞争中胜出，发表论文就成为了证明博士生学术能力的重要指标。正如Wendy所说："难以想象金融危机过后找工作是那么困难，我想如果我继续读博士后的话，我的主要工作就是发表论文，这样可能我才会在找工作的时候变得有竞争力。"在美国级别较高的学术期刊发表论文并不容易，周期也较长，社会科学的学术论文的发表周期通常在1年左右或更长的时间。我认为Mike的感受代表了大多数美国博士生的想法："发文章太困难了，被一次又一次拒绝的滋味真不好受，太难受了，但这个过程的确又让我收获不少，这是一个学习的过程，我认为最重要的一点就是学会面对一篇文章或是一个观点，如何给予反馈并做出评论。"如Mike所言，被拒稿或者为了达到发表的要求反复修改论文的经历让博士生获得了很多学术发表的技能，继而提高了他们的论文写作水平。Gigi通过参与导师的课题，有很多与导师合作撰写论文并发表的机会，她对于发表论文颇有心得：

> 发表论文对我来说是一个挑战，这是一个需要不断学习的过程。经过无数次的被拒绝或要求修改的经历，我认为发表论文是有技巧的，它像一种艺术……它和一般的自

由写作不一样，它有很多严格的要求和标准。你需要研究不同的期刊，根据他们的风格来修改你的论文，你还需要明白你的论文内容的"市场"在哪里……

大多数博士生都依靠自主性经验提升学术论文发表的能力，Deny、Wendy 等人都认为，学院对博士生在这方面的指导还有待加强。在我参加的 2013 年美国 ASHE（美国高等教育研究协会）年会上，最受欢迎的论坛并不是某位专家的讲座，而是关于"如何发表学术论文"的一场讨论会，会上请来了全美高等教育领域 7 种权威学术刊物的主编，他们就杂志的用稿要求、编刊计划等做了详细介绍，并和现场的师生进行了充分的互动，现场的火爆程度充分反映了美国博士生对这方面知识的需求。

中国大多数高校对博士生发表论文的数量有硬性要求，R 校要求博士生在学习期间至少在核心期刊发表两篇以上的学术论文。孟筝谈道："我没办法，就直接把当时的一篇课程论文整理一下发表了，虽然发的是核心期刊，但其实水平很一般。关键是我觉得我现在还没有能力写出一篇高水平的论文，我不想生产文字垃圾。""文字垃圾"一方面意味着多数博士生对自身论文写作水平的不自信，另一方面也反映了博士生对发文数量硬性要求的不认同。和美国一样，R 校的博士生也是通过自己摸索，在屡次被拒绝的过程中找到希望的，学校对博士生论文写作的学术支持力度还有待提升。

4. 学术会议

参与学术会议是博士生体验共同体文化、交流专业经验的有效途径。根据 Golde 的研究，美国有 93.4% 的博士生都表示他们有机会在学术会议上做报告。[①] 结合我对几位美国博士生的访谈，我认为博士生参加学术会议的主要收获体现在以下几个方面。第一，结交志同道合的朋友。Lily 在一次大型的学术会议上和同学一起组织了一场小型讨论会，在会上她认识了一位同样来自上海、在美国上学的朋友。她们由于文化背景相同、专业相似、性格相投，决定一起合作开展研究。在后续的学习中，她们一起发表了文章，并且在专业方向互相帮助。第二，展示研究成果，锻炼演说与答辩能力。Mike 告诉我他在刚刚结束的论文答辩会上表现很好，他认为一部分原因应该归功于自己多次在学术会议上汇报研究成果并回答别人的提问，演示和汇报对于 Mike 来说已经变成一件很惬意的事情了。第三，获得反馈与建议。自主性比较强的学生，会带着明确的目标参加学术会议，比如看看同一个理论，其他人是如何运用到自己的研究中的，又比如自己的研究想法其他人有什么建议等。但一些博士生表示，在学术会议上和资深教授讨论的机会相对较少，他们大多数时候是和同龄人在一起交流。

本研究的中国博士生大都有过参加学术会议的经历，但与美国博士生相比，他们显得并不热衷。博士生对参与学术会议不积极主要源于两方面的原因，一方面是经费的原因，R 校只为博士生境外学术会议费用进行报销，个别老师会给学生提供部分境内学术会议经费；另一方面，很多博士生认为大多数学术会议的水平不高，和资深教授在一起交流和探讨的机会很少，因此没有太多必要参加学术会议。

---

① C. M. Golde, T. M. Dore, *At Cross Purposes: What The Experiences of Today's Doctoral Students Reveal about Doctoral Education* (Philadelphia: The Pew Charitable Trusts, 2001).

5. 助研和助教

在学生资助体系中，助研和助教被认为是对博士生专业发展十分有帮助的。美国的助学金制度比较规范，学生可以根据自己的能力和意向，以及导师开设的课程和从事的课题研究来选择申请助教（教学助理）和助研（研究助理）。美国对助教工作的重视程度随着未来师资培训计划（PFF）的展开而逐渐加深，旨在让有志于学术职业的博士生在博士学习阶段接受更多的与学术职业相关的学术训练，尤其是教学技能的提升和职业道德的规训。如今，大学教师"博士化"已成为高校用人的一种趋势。L校的博士生主要担任自己导师的教学或科研助理，作为准研究者，博士生首先是向自己的导师学习如何组织教学、如何开展科研的。Gigi 笑言，自己现在的教学风格和研究风格和导师十分相似，可见，导师在博士生助研和助教的过程中，起到了角色榜样的关键性作用。

美国的助教制度除了需要博士生正式提交申请并审核之外，各学校还会组织专门的"上岗培训"。博士生可以申请本科生课堂的助教，也可以申请研究生课堂的助教。本科生助教除了辅助任课老师的教学之外，还需要在课后的讨论小组担任主要的讲授者和指导者；Lina 告诉我她第一次对教学产生兴趣，就是通过担任本科生课堂的助教。研究生课堂的助教的职责则更多地体现在组织课堂讨论和成绩评阅上，这些助教通常是上过这门课的高年级学生。我在美国上课时，助教通常会组织课堂的小组讨论，他们可以随意参与到任何一组的讨论中，了解小组成员的疑惑和小组讨论的要点，在整个讨论中起到重要的协调作用。"如果你担任助教的课正好是你自己非常需要强化的内容，对你的论文有帮助，那就更完美了。"（Wendy 语）很多博士生意识到助教经历的必要性，自愿无偿担任导师的助教。根据 Nettles 等人的统计，在美国，约有 44% 的博士生获得过助研资助，有 60% 的博士生获得过助教的资助，其中社会科学的博士生获得助教的比自然科学的多，而自然科学的博士生获得助研的比社会科学的多。①

与 L 校有所不同的是，中国的 R 校规定在课堂达到一定规模的时候才会配备正式的助教，博士生给本科生讲课的现象日益少见，很多博士生都是在第一次上导师课的时候担任导师的助教，其职责是一般的辅助教学的工作。很多博士生因为导师的缘故，无偿担任非正式的助教，辅助导师教学，这在中国是比较普遍的，师生之间的"人情"将公与私糅合，这一点在助研方面也有所体现。美国的助研要求严格基于导师承担的课题项目以及研究经费来申请，导师的研究经费里，有固定的一部分是要求必须用于指导学生并给学生发放助研经费使用的，如果导师没有研究经费，则无法提供给学生助研的岗位及经费。在中国，根据我在 R 校了解到的情况，导师一般会从自己的研究经费中抽出一部分经费补贴给学生，作为学生的助研经费，其中有的导师并没有要求自己的学生承担任何研究任务，其助研经费是作为生活费用补贴给学生使用的；还有一些导师要求学生完成一定的课题任务，但也会根据学生的劳动成果适当增补助研经费。博士生在助研中的收获取决于参与课题的性质以及在课题中担任的角色。蔡恒西持续三年跟随导师参加了一项

---

① Nettles M. T., Catherine M. M., *Three Magic Letters*: *Getting to PhD*（Pxix. Baltimore: Johns Hopkins University Press, 2006），p81.

国家级课题，课题的学术性较强，导师将课题分为很多子项目，要求蔡恒西负责其中的一部分。三年里，蔡恒西"轮岗式"地担任了一个课题里面的所有角色，例如资料收集者、主要撰稿人、子项目主持人等，在全国实地调研的过程中，他还收获了大量的实践经验与资料。与蔡恒西相反的是，贾宇鸽的导师承担了大量的来自政府和企业的横向课题，课题的学术性不强，政策性和实践性较强，贾宇鸽表示，参与这些课题对于自己的论文和学术水平的提升没有任何帮助，反而成为了博士学习中的一种沉重的负担，是在老师的要求之下不得已而为之的无奈选择。

美国高校为这一阶段学生的科研训练提供了较完备的院校支持，通过各环节的质量保障机制有效保证学生学习效能，学生从中获得了结构化的科研经验，训练中重视过程淘汰，通过助研和助教的制度化安排有效提升博士生社会化程度，以学生为中心的研讨会等活动为学生提供了训练平台，完成从课程到研究的重心转移。比较而言，中国院校科研育人的支持环境有待提升，科研训练各环节缺乏有效的质量监控，当学生难以获得结构化知识活动经验时，便发展出较强的自主性，在经验中探索适合于自身的学习方式。在这一过程中，博士生在同辈交流中获得情感认同和归属感，并意识到可以用一种非正式的、灵活的方式来达到正式结构的要求。不同博士生的知识社会化程度呈现显著差异。

三　师生互动

1. 制度化的正式互动

这一阶段，博士生的社会化通常是在和导师的互动过程中完成的。Delamont 等人的研究表明，社会科学领域导师对学生的指导方式是一种个人模式，师生之间的关系比较松散，没有固定的身份认同，导师对学生的实际指导随个人、专业的不同而有所不同。[①] 与自然科学"团队合作模式"[②] 的指导风格相比，社会科学领域师生之间互动相对较少，但通过在 L 校的调研表明，社会科学博士生与导师的互动仍然可以通过一系列制度化的正式形式获得基本的保障。导师制和指导委员会相结合的方式，保障博士生获得全面指导。"导师"这个角色会一直伴随着博士生的学习进程，但具体的指导老师会随着博士生的研究进程发生变化，导师根据学生需要和问题导向确定，实为"论文导师"。博士生指导委员会会依照各学院的规定，与被指导的学生一起制定博士生的修业计划，通常博士生指导委员会一年举行一到两次例会，检查计划实施进展，L 校要求博士生每学期和自己的导师正式见面一次，讨论自己的学业情况和进度。博士生一旦确定自己的导师及指导委员会成员，就获得了这些导师的"优先指导权"，正如 Cindy 所说：

> 因为每个老师肯定主要对自己的学生负责，因为他是你的主要导师（primary advisor），有问题主要和导师谈，我是他的学生，我在他的名单（list）上优先权（priority）很高。

---

① Delamont S., Atkinson P., Parry O., *The Doctoral Experience: Success and Failure in Graduate School* (London: Falmer Press, 2000).

② Chiang K., "Learning Experiences of Doctoral Students in UK Universities," *International Journal of Sociology and Social Policy* 1 (2003): 4-32.

一方面，指导委员会的老师有职责对其指导的博士生优先进行学术上的指导，另一方面，导师与指导委员会相结合的形式，保障了博士生在研究过程中获得不同专长老师的全面指导。

此外，前文提及的专题研讨会、助研和助教制度等都以一种制度化的方式保证了博士生和导师的日常交往和互动。研讨会制度为博士生提供了一种师生见面和互动的正式渠道。林南在回忆自己的留学时光时，也提到了对研讨会的看法：

> 我们老师每周五都必须要坐在那里，因为那是它工作量的一部分，他是要接受考核的。这都是老师工作量的一部分。

研讨会在每个学校和学院的名称不一样，具体形式可能也不一样，但美国的多数学校都是通过制度化的方式，将这种师徒见面交流指导的模式固定化，成为教师工作量的一部分。

这一阶段，博士生还通过担任助教和助研等正式渠道与导师互动。Gigi 告诉我，她在担任助教时向导师学习如何教学："教学涉及一系列的能力，比如怎么选择教材、怎么组织课堂、怎么引导讨论，甚至怎么评估学生的学业成绩等。"Gigi 利用给导师担任助教的机会，学会了如何使用"分级评估准则"，即一种对学生的课程论文进行评价的标准体系。"这个评估准则将让你对学生论文的评判有了依据，你在这个准则的指导下，清楚地知道为什么这篇论文是 A，而另一篇却是 B。而当你了解了这种评估准则后，你自己写论文的时候也会按照这些规范来要求自己。"（Gigi 语）在担任导师的助研、协助导师做课题的过程中，Gigi 获得了大量和导师接触的机会：

> 我们在做课题的过程中接触到导师的理论，后来我们在自己的博士论文中都用到了导师的理论，当你和导师接触多了，运用她的理论多了，你自己思考问题自然而然就会和你的导师很像。可以说她塑造了我们很多思考问题的方式……

"在很多方面变得和导师一样"就是很多博士生在和导师接触的过程中实现社会化的表现，而这也是大多数博士生所期望的一种社会化方式，他们师从一个导师的目的，就是为了向导师学习。

与美国相比，中国社会科学博士生和导师之间除了在课堂上交流互动，其他制度化的交流渠道相对较少。林南的一段独白代表了很多中国博士生的体会：

> 我写论文的时候需要指导。我的导师有资格指导我，但是他围绕这一点的知识框架可能不太适合指导我，而其他的几位老师的学术专长更适合，但是我们没有相应的制度安排（让你寻求他们的帮助）。我去找其他老师的时候，我等于给他们凭空增加了工作量，他们愿意帮我是出于他们个人的道义。我希望学校可以根据我们的需求设置副导师制度。如果其他几位老师在制度上被划定为我的副导师，就应该有相应的时间指导我，那这样我们的沟通会更加充分，不仅是看在个人情感上……我希望学校能够对师生沟

通的这种模式进行规定。比如说，规定老师每个学期至少有13次、共不低于50个小时与学生固定交流的时间，每一次见面应该由学生来做记录，由学生将见面交流的情况反馈给学校，再由学校确认老师的工作量。

林南所说的"副导师"实际上类似于美国指导委员会中除了自己的导师之外的其他老师，他们通常根据博士生论文所需要的指导来配备，每个老师的专长可能都不一样，从而保证为博士生提供全面深入的指导。很多博士生的情况和林南相似，由于自己的论文研究问题和导师的研究领域不一致，他们十分需要其他老师的帮助，但很多博士生只能凭借个人关系请求其他老师的帮助。在中国，老师指导学生的频率和时间没有真正计入老师的工作量。据了解，R校前不久为了让新生入学后迅速适应大学生活，培养学术兴趣，增进专业认同和学校认同，从全校遴选了百余名学术修养深厚、教学经验丰富、善于与学生沟通的教师为新生导师，面向全校几千名学生开设"新生研讨课"，强调师生互动。学校给每名开设新生研讨课的老师发了几万元经费，这几万元并不是报酬，而是让他们请学生喝咖啡、吃饭、参观博物馆，在互动过程中交流学术、沟通思想。但是这项制度仅仅在本科生中实施，很多博士生听闻后，表示这种制度在博士生教育中更加需要，如孟笋说：

> 这种师生沟通的模式本来就不一定限定于说老师约在办公室里接见我，你可以在咖啡厅里，可以在任何地方，制度不光是要管理他做这个事，同时你也应该去激

励他······

2. 非正式互动

社会科学的博士生与自然科学相比，博士生和导师的互动更多是通过非正式渠道进行的，学者 Chiang 等人提出的社会科学师生互动的"个人化模式（individualism）"，就是指社会科学领域师生之间是一种非正式形式的互动，互动频率和效果因人而异。博士生与老师在非正式形式下的交往类型，往往反映了博士生和老师之间的关系，许克毅等人的研究指出，在博士生和老师的交往中，大体呈现出四类关系：权威型，即仅限于学术交流的不平等的指导与被指导的关系；和谐型，即沟通畅通、和谐相处，相互理解尊重的相处关系；松散型，即我们通常所说的"放羊式"的指导方式，导师对学生的学术指导较少；功利型，即导师对研究生缺乏耐心、细心的指导，师生之间各取所需，彼此之间没有诚心诚意的合作。① 结合我在 L 校和 R 校的研究，我认为完全功利型的师生关系在两所学校的社会科学领域并不存在，社会科学领域共同体折射出的责任道义与人文理性之光，使这种极端冷漠的现象难以滋生蔓延。从本研究的博士生可以看出，美国社会科学博士生与老师之间的关系主要呈现出导学型、合作型和矛盾型等特征形式，而中国的师生关系则更多地呈现出权威型、田园型和松散型等不同的类别特征。

导学型是指师生间指导与被指导的关系，在这种关系模式下，师生间相互平等，只是"教"与"学"的角色不同而已，

---

① 许克毅、叶城、唐玲：《导师与研究生关系透视》，《学位与研究生教育》2000 年第 2 期，第 59 ~ 62 页。

师生间较少建立除学术以外的私人关系。在美国，师生间的情感交流相对较少，老师认为自己对学生的责任是传授知识，除此以外没有其他的义务，特别是在大学的研究生院里，学习是学生自己的事情，老师也没有义务主动帮助学生学习。如果学生不主动找老师，老师通常是不会找学生的。如果老师这么做了，反而会被认为是不尊重学生的自主权。[①] 本研究的 L 校博士生们在需要老师帮助的时候，大多数情况下都能获得老师的指导：

> Deny：导师能够在你需要的时候给你提供帮助和指导，这是作为一个导师最重要的一点。

> Gigi：我的导师太忙了，她在我们学科太重要了，是一个超级学术明星，但只要是她意识到了对我重要的事情，都会非常及时地给我反馈和帮助。

也有部分博士生希望这种导学关系能够在某些方面做得更好，例如 Deny、George 都认为导师应该督促自己学习，为自己设定更多的最后期限（deadline），Cindy 希望她的导师能够少一点社会兼职从而给她更多的时间和关注（虽然她知道这是不现实的），Nancy 希望导师能够在研究理论和方法上给予自己更多具体的、实质性的指导等。除了学术上的交流和指导，很多博士生都表示自己私下和导师联系较少，美国人在处理人际关系

---

① 陈向明：《旅居者和"外国人"——留美中国学生跨文化人际交往研究》，湖南教育出版社，1998，第 167 页。

过程中，更接近都市化风格，表现为陌生化、角色化和契约化的特点。[①] 一般来说，美国人具有比较明显的私人领域和公众领域的观念，自我的圈子划得比较小，在任何时候都保有私人空间，人们很少将私人感情带入工作中。"我们之间基本不讨论彼此的私人话题，但我觉得这样很舒服，我自己认为这是 OK 的！"（Smile 语）。美国社会具有文化多元性，师生通常来自世界各国，不同的文化背景也为师生交流设置了障碍：

> Cindy：我和我导师在生活上聊得比较少，他是美国人，我是中国学生，他没有做过留学生，所以有时候他不太能理解你的状态，你的生活境遇，或者他也给不了你任何实际的帮助。我生活圈子里的朋友主要是中国同学，大家互相帮忙。
>
> 我：有没有过节什么的，你的老师会邀请你去他家？
>
> Cindy：不会，感恩或圣诞节，这种节日理论上是和家人团聚的，那大家都是各回各家，可能除了我以外，人家都是本地的嘛。
>
> 我：所以可能导师在生活上对你的影响就非常小的。
>
> Cindy：对，这个也是一个文化上的差异。比如说奥巴马当选时，他们可能会组织 party 什么的，因为他作为一个非裔美国人，他很高兴，他可能跟其他非裔师姐关系会更近一些，但是我是很难融入他们的，基本上除了这个就没有什么联络了。

---

① 姚亚平：《文化的撞击——语言交往》，吉林教育出版社，1990，第 171～174 页。

美国人一般把家庭角色与工作角色区别开来，在工作中，个体被期望能明确区分私人事务与工作之间的界限。①

合作型的关系是指师生共同承担课题，他们之间是助手和合作者的关系。② 美国的博士生通常不会碍于导师的权威而做自己不愿意的事情，而一旦事情对自己是有益的，他们便会表现出积极的合作态度。George 认为自己接触最多的并不是指导委员会的成员，而是其他与他有过课题合作的老师："我和这两个老师在硕士的时候就有过合作，我们相处得很好，于是在我读博士的时候，他们又希望我加入他们的研究项目，虽然这些项目与我的博士论文无关，但我可以得到很丰厚的报酬，并且从和老师的交流中学习到不少东西。"很多博士生都表示这种平等的合作关系对导师和学生是互利的，它使学生能够跟随老师在做中学。这也反映了美国的文化价值观赋予美国人的一种秉性：只有和他人平等相处才能最有效地发挥自己。然而，并不是所有的合作关系都很和谐，一些博士生因为种种原因和导师发生矛盾，导致关系破裂。让我们从 Lina 的片段中来了解这种矛盾型的师生关系：

> 我和我的导师之间有一个很复杂的故事我要说给你听。我和我的导师之前的关系很好，直到我给她做助教，那门课是她第一次教，一些学生就认为她缺乏经验，有人甚至反对她来上这门课程，因为学生评教的事情（详情略），我和导师之间产生了误会和矛盾。后来，我导师对我说："我

---

① 爱德华·斯图尔特、弥尔顿·贝内特：《美国文化模式——跨文化视野中的分析》，卫景宜译，百花文艺出版社，2000，第 147 页。
② 薛天祥主编《研究生教育学》，广西师范大学出版社，2001。

不再做你的导师，我现在有孩子了，你的时间安排和我也不匹配。"就这样，我们的关系破裂了。你知道吗，我当时离开题只剩下三个月的时间，突然一下子没有人指导我了，这太戏剧性了……如果这个时候有人愿意"收留"我，我将感激不尽，而幸好T（Lina现在的导师）出现了，他愿意继续指导我，但你知道，我和他的研究领域几乎不相关，他快接近退休，所以在学术上基本没有给予我太多的指导……

这件事已经过去4年了，我非常不想提到它，因为我十分害怕，我很没有安全感，现在我只想早点毕业，早点离开这个地方。我并不想制造不和谐的因素，如果有人来问我之前的导师怎么样，我会告诉他们，我的导师挺好，跟她一起合作会有很好的经历。我这样说的原因是我不想再受伤了。你知道吗，导师对你有绝对的控制权。别的学院我不知道，但在我们学院，导师能决定学生的很多事情。

事实上，在我们关系没有破裂之前，她确实教会了我很多东西，比如如何做研究、如何做课题等，我们关系也很密切，她的家人我都见过。但关键是最后她没有信任我，我并没有做错什么啊。从那以后，我真的需要一种能够相互信任理解的师生关系……

Lina在讲述自己故事的过程中，几度流泪，她和导师之间破裂的关系成为了她内心难以抹去的阴影，甚至影响到她在学院的声誉以及学业进度。而据我所知，Lina的故事并非特例，我还了解到几个关于读博中途因为种种原因被导师"抛弃"[①]的事例。这不禁让我想到，在美国看似平等的师生关系中，也有很多不平等的现象发生，或者说，美国的师生在交往过程中平等以对，但在一些学术事务上存在着一定的权力差异。美国人有不避冲突的行为倾向，一旦一方认为事情从道理上讲不过去，那么则没有情理可言。Lina 的故事也反映出了美国高校师生间高度的契约化特点，老师和学生之间如果不合，则双方自行解除这种"指导"与"被指导"的契约关系。Lovitts 的研究甚至表明，"师生关系是决定博士生去留的最关键的因素"[②]。

权威型关系是指导师与博士生之间的地位不平等，博士生和导师仅限于学术交流，导师在师生关系中有绝对权威。中国的文化传统历来主张尊卑有别，长幼有序，敬老尊师，每个人的行为都受到自己地位和角色的制约。自古以来我们就有尊师重道的传统，老师的形象通常是威严而又高高在上的，学生对老师表现出尊重甚至言听计从。江佳告诉我她刚开始去找老师交流是怀着害怕的心态：

> 你问任何问题，老师都会先问你自己是怎么想的，等你说完后，他才反馈给你，再告诉你哪一点你做的是不对的，哪一点是对的。刚开始你可能战战兢兢地，你怕自己做错了……

霍夫斯泰德的研究也表明，中国人的权力距离较大，即人

---

① Lina 使用了"dump"一词，在此译为"抛弃"。
② Lovitts B. E., *Leaving the Ivory Tower: The Causes and Consequences of Departure from Doctoral Study* (Lanham, MD: Rowman and Littlefield, 2001), p270.

们对组织中权力分配不平等状况的接受程度比较高。在学校里，听老师的话已成为大多数学生的一种无意识行为，大多数博士生都不希望因为违背老师的意愿而影响师生关系。贾宇鸽在读博期间协助导师承担了很多横向课题，即便她认为这些课题对她没有丝毫作用并且浪费时间，但还是不敢怠慢老师分配的任务。

田园型关系是指师生之间的关系氛围轻松，像家人一样相互关爱，沟通顺畅且相互理解。中国文化以家庭主义为中心，一日为师终身为父描述了师生之间的家庭化倾向。因此，尊师爱生便成了中国文化中师生关系的理想形式。学生对待老师往往像对待自己的长辈一样，学生自愿为老师承担很多学术事务以外的杂务，老师也常常把学生当成家人一般照顾，体现出浓浓的"人情味"，这些在美国人眼中不理解的现象，在中国文化中再正常不过了。蔡恒西在一次陪导师出差的路途中无意提到了自己家庭的经济困难，导师随即从自己的钱包里掏出一些钱给蔡恒西，让他去吃点好的，玩点好的。这样的事例在中国的师生间经常发生。在这种田园型关系中，有一部分师生能够在轻松氛围中交流和讨论学术，导师以学生为中心，对于学生而言亦师亦友，在关爱中促进学生学问的增长；但还有一部分导师对学生的要求比较松，甚至降低了对学生的学术要求。如孟筝曾说："我和我导师关系特别融洽，但我们之间很少谈论学术方面的事情，我也很少参加他的课题，所以感觉在学习上还是需要有人监督的。"

松散型是指导师和博士生之间交流频率低，缺乏有效交流和指导的一种关系。松散型关系主要源于以下两种情况。一种是因为师生间缺乏交流的有效平台，一些导师承担课题项目较少或研究经费有限，与学生的合作研究相对较少，师生关系较为松散。另一种情况是少数导师由于工作繁忙或者缺乏责任心，或者博士生缺乏学习主动性，师生双方生疏，彼此互不干涉；但这种类型的师生关系所占的比例非常小。

博士生与导师的交往内容大致可分为学术交往和社会交往。美国的人际关系呈现横向形态，交流的双方处于平等的地位，师生关系建立在双向选择的基础上，师生能够在这种互相选择的过程中履行各自的职责，满足需求，继而保证了导学有效性和合作的可能性。同时，师生一方有权根据一定的程序变更指导关系，而一旦老师提出终止指导，被指导的学生往往处于被动的一方，合乎逻辑似乎比合乎人情更重要。无论在哪种关系模式下，师生的学术交往多于社会交往。

在与导师的互动过程中，中国的社会科学博士生与导师之间主要依靠非正式形式进行交流，形成了权威型、田园型和松散型三种不同的关系模式。中国的博士生教育实行导师负责制，导师一对一指导学生，对学生进行全面考核，导师对学生有主导、管理和示范的作用，对学生学业的关键环节具有决定权，多数情况下，师生间的关系主要取决于导师的指导风格。中国尊师重道的传统和人情社会的融合，使得师生间社会交往频繁，学生为老师跑腿打杂，老师对学生个人生活关爱有加，都是师生间关系密切的标志。

第四章　专业社会化阶段三：
初级研究者与创新知识生产

　　现代意义上的博士生教育起源于德国，德国博士生教育被称为"科学后备力量培养"的组成部分，从起源来看，培养学术科研人才是博士生培养的目标，致力于专门科学研究是对博士生的主要要求。于是大学不再以博览群书、熟读百经为能事，而要求学生掌握科学原理，提高思考能力和从事有创见的科学研究。自美国创立研究生教育制度以来，重视智力发展和知识的紧密结合，培养博士生的探索精神和创新能力成为美国博士生教育的基本理念。可见，培养创新能力、生产创新知识是博士生培养的最终目标。这一阶段，博士生逐渐顺应专业文化的价值取向，并调整自己的行为以符合这种价值取向。他们逐渐将自己从学院中独立出来，专注于研究问题，积极参与学术事务，像真正的学者一样，进行着创新知识生产的尝试。

一　角色整合

1. 美国："我是一个研究者"

　　这个阶段，个体与社会角色、个性与社会结构之间的界限变得模糊，博士生的专业角色逐渐内化。文化利用社会角色这个功能将个体作为一个有用的成员整合进社会之中，个人则接受与角色相应的社会期望值及行为方式①。本研究的美国博士生们在这一阶段的角色认知发生转变的最明显标志，就是他们对自己的社会角色，即专业角色的定位：

Lina：我是一个质性研究者（qualitative researcher），我有一手的研究资料，我能独立完成研究，同时我认为我也是一个很好的老师。

Amy：我是一个擅长定量分析的研究者，我尤其热爱数字。

Gigi：我不会说自己是一个质性研究者，但我可以说我非常擅长做质性研究。

Mike：我是一个质性的人。我认为经过社会化的过程，我已经可以像学者一样去做研究。

Nancy：我想我是一个质性研究者。

Smile：我是一个家庭人口统计学者，我非常擅长统计学分析。

---

① 爱德华·斯图尔特、弥尔顿·贝内特：《美国文化模式——跨文化视野中的分析》，卫景宜译，百花文艺出版社，2000，第147页。

当博士生认为符合一定的专业角色期待时，会对自己有一个清晰的角色描述，同时将这种角色特性内化，"研究者"是博士生们角色内化的一个标志，也体现了他们从一个门外汉变成内行人的角色存在感，"质性"或"定量"、"人口统计"等定语则表明了博士生对自身在学术领域和研究范式中的定位，这种学术倾向将影响他们的整个学术职业生涯。

当博士生以研究者自居时，就会表现出对专业角色的认同和自信。Lina虽然与自己的导师产生矛盾，但她认为自己通过努力仍然完成了专业社会化过程："我有过自己去国外收集一手资料的经历，所以我确定自己可以做国际研究，我也知道怎么把不同的项目整合起来，我认为这些都为我成为一个学者做好了准备，即使在这个过程中我可能缺乏来自我的导师的指导。"这一阶段，博士生对自己有了更高的期待，他们逐渐将自己从学院中独立出来，像真正的学者一样，重新建立自我概念，专注于自己的研究兴趣，积极参与到一些学术事务中。[①] Amy正在准备将自己的另一个研究发现整理成论文并在学术会议上做报告，她期待展示自己的研究成果："当我做汇报演示的时候，我在想，这么多人都在听我讲这个问题，我对这个问题有发言权，我觉得我有强大的动力，我有知识和成果去和那么多人分享，太棒了！有时候我感动得想哭，当我回想我的研究过程，前段时间我还在收集数据、整理数据，现在我竟然能赋予这些数据意义，并且分享给大家，我觉得太棒了！我太热爱了……"

本研究的美国博士生中，很多人的学术能力已经在学术职

---

① Weidman J., Twale D., Stein E., "Socialization of Graduate and Professional Students in Higher Education: A Perilous Passage?" *ASHE-ERIC Higher Education Report* 28 (3) (2001): 5.

业的市场上得到了充分的检验，Mike 同时收到了三所大学的录用通知，Gigi 在众多求职竞争者中脱颖而出，Cindy 回国在一所著名研究型大学找到了教职的工作，而作为缓和就业压力的对策而选择继续读博士后的 Wendy 和 Smile 也成功申请到了名校的博士后。Mike 认为自己能够成功地进入学术职业，最重要的原因是他从一开始就明确了成为一个学者的目标，他在博士学习的过程始终保持开放的心态。他强调："虽然我一直在被社会化，但我并没有在这种社会化的过程中迷失自我。"Mike 提到的"迷失自我"是指一种坚定的学术理想和自己从事学术职业的初衷，显然，他已经开始从内行人的角度思考自己在专业领域中的位置和价值。

当然，每个博士生的专业社会化过程都不尽完美，他们都希望能够做得更好，从而更加符合专业角色的要求：

> Amy：我认为我需要在我的研究中多讲故事，故事是我研究中的缺失，当我一直都在进行数据分析、做定量研究的时候，很难有精力在质性研究上。我想接下来我可能会去学习质性研究，通过深度访谈，在我的研究中多讲故事。

> Smile：我认为自己在研究方法上获得了非常好的训练，但在理论方面我还需要加强。

和 Amy、Smile 一样，处于这一阶段的很多博士生都尝试着从学术的角度思考对专业领域的贡献以及如何促进自身和专业的发展。

对于很多女博士而言，除了完成专业角色的要求，还要扮演在家庭中的重要角色，本研究的几位女博士生都在努力让这几种角色保持适当的平衡。在 Lina 女儿 9 个月的时候，母女俩被一辆汽车撞倒受伤，Lina 感到非常痛苦，用她自己的话说，她快要疯掉了。为了照顾女儿，她不得不延迟一年毕业，这一年已是她读博的第 7 个年头。斯柏林等人的研究认为女性学者的学术生涯受到生儿育女或其他家庭责任的影响，此外，已婚女性学者长期定居在丈夫的工作地点也是影响因素之一。[①] Nancy 为了和远在华盛顿的丈夫和孩子相聚，在读博第 7 年的时候搬到华盛顿写论文，其间还忙于在华盛顿找工作，而工作地点是否离家近是她求职的首要考虑因素。Smile 和丈夫异地生活 6 年，在临近博士毕业之际，她做出决定，要去丈夫所在的亚利桑那州读博士后，以便他们团聚。Amy 在学术这块冷板凳上坐了 10 年，为了自己的学术追求，她坦言自己牺牲了很多："我对学术的热爱，让我对它投入了很多时间、精力和承诺，我需要年复一年地研究我那一个小问题，当别人在休息的时候，在谈恋爱的时候，我可能还需要不停地学习。但我对它的热爱是我最大的动力。"

2. 中国："我不太学术"

专业社会化的主要成果，是一种恪守的专业承诺和对专业的认同感，以及相伴随的角色转变，它代表着成功的专业社会化的核心元素。[②] 本研究的 R 校博士生中，部分人对自身具备的

---

① 托尼·比彻、保罗·特洛勒尔：《学术部落及其领地——知识探索与学科文化》，唐跃勤、蒲茂华、陈洪捷等译，北京大学出版社，2008，第 162 页。

② Weidman J., Twale D., Stein E., "Socialization of Graduate and Professional Students in Higher Education: A Perilous Passage?" *ASHE-ERIC Higher Education Report* 28 (3) (2001): 5.

作为一个初级研究者的素质与能力比较认可：

> 金燕：完成博士论文之前，我认为自己是一个很不成熟的研究者，我通过论文的写作，大概有一年多的时间，不断地思考，不断地去组织材料，研究水平也就不断地在提高，思维也变得比原来抽象，比原来能总结提炼一些东西了。可以说经过这几年的学习，我从一个不入门的硕士生，变成了一个半成熟的博士研究生。

> 蒋何宏：我最初的目标达到了，学习下来，视野开阔了，知识也牢固了，研究方法也掌握得牢靠一些，不再像硕士毕业的时候心里没底。现在心里还是有底的。

中国人的表达与美国人比起来更为含蓄，蒋何宏的"心里有底"实际上表明了他对自身社会化的认可。然而，仍然有很多博士生对自己的专业社会化较为失望，博士生的专业社会化程度也参差不齐，部分博士生对专业角色缺乏自信和认同感。我采访的贾宇鸽虽然也顺利毕业了，她却认为自己"浪费了三年，做了一件不明智的事情"：

> 也不能说这三年的经历完全没有用，但问题是它到底对我今后有什么益处，我是觉得浪费了这三年做了一件不明智的事情。我觉得我需要过那么几年我才能明白这个经历对我意味着什么。可能那些工作过的人再来读博就更有目的性。但我一直在读书，也不知道研究的这个东西对我

有多大用处，这个我现在也不能够衡量出来。

公共管理学专业的江佳告诉我："我跟你说实话，我学术真的不行。我不太学术，感觉刚摸到点门，还没进去呢，很遗憾哦。我真的很羡慕那种整个博士三年能发30多篇文章的人，太牛了。这三年说不定我都摸不着门。"江佳所谓的发表30多篇论文的"牛人"，在中国社会科学博士生中并不多见，她为自己寻找了一个不合适的角色目标。与江佳眼里的"牛人"相比，她的学术产量太少，以至于她对自己的学术能力非常不自信，甚至觉得三年下来还"摸不着门"。而导致这种不自信的主要原因，我认为主要在于博士生在专业社会化过程中缺乏必要的支持指导和完善的自我规划。

除了对自己的专业能力不自信以外，一些博士生对于专业的认同度很低，"认同度"在这里指的是群体内的成员对学术界或本专业的一些重大事件与原则问题的认识与评价。从20世纪90年代起，博士生教育规模与质量的不平衡发展，导致"博士"遭遇集体贬值。我们从博士生们的表述中发现，博士生对中国学术质量以及博士生培养质量认同度不高：

宁准：小时候在我心目当中，博士一出来就应该有科学家的水准了，至少应该相当于科学家了，但是现在觉得博士也非常的浅薄和无奈，出来还是个学生，找工作也非常的无助。

贾宇鸽：我觉得学术的话应该不带有功利性或是目的

性的，只是因为纯粹的喜欢而已。但是有些老师关心的东西是我不能理解的，比如关系、人脉、职位等。

"浅薄"、"无奈"、"功利性"等词，代表了很多博士生对学术质量和专业角色的失望，这种不认同也直接影响了博士生对专业角色的承诺。所谓博士生对专业角色的承诺，是指博士生作为研究者，对致力于从事与专业相关的学术研究，并在学术能力和学术道德上有一定造诣的一种使命感和愿望。与美国博士生相比，本研究中的中国博士生对专业角色的认同和承诺是欠缺的，正如贾宇鸽所说：

我没觉得我是在做学术研究，这个词对于我来说太高端了一点。我只能说是一直在做课题而已。

事实上，一些博士生对学术职业怀有理想的期望，但在现实面前他们却显得很无奈：

宁准：虽然大家都认为高校教师是一份稳定的工作，但是越来越少的人认识到，教师应该是在这个社会阶层中代表着道德规范的一群人，这点是我最大的挑战，我觉得我很难达到想象中的那种高层次的道德规范。我觉得我还差很远。

杨丙路：我是挺悲观的一个人，我们空怀了对这个社会的抱负，因为社会学的人都批判性非常强，看到一个问题别人可能觉得他是好的，但是我们学社会学的就会觉得他怎么可能是好的呢？从本科开始就告诉你这个社会有多少问题，然后就抱着要致力于为解决社会问题而生的这种壮志雄心。这三年吧，我觉得制造了好多文字垃圾，写这些东西有什么用呢？谁会看呢？好像就是自娱自乐似的，但是吧，你又不得不去做，你为了拿文凭嘛。

回想 R 校博士生新生大会上优秀博导对博士生的"将大爱之心、为民之情化为修身之道、齐家之举、治国之行，平天下之志"的寄语，这一要求所期望的是博士生对于学术职业的承诺和责任感。现实中，"没有成就感"、"悲观"等写照反映了博士生对于专业角色认同和承诺的缺乏，博士生的这些想法与自身目标感的缺失、管理过程的失效、师生关系的异化等不无关联，直接影响了博士生对专业角色的承诺。

二　学位论文

通过前期课程学习和科研训练，博士生的专业知识与能力得到提升，逐渐建立起作为一个研究者的自信心，独立完成学位论文是对他们作为一个初级研究者的检验，创新知识生产被认为是一篇博士学位论文最重要的考核指标。本研究的两所学校都对一篇合格的博士学位论文做出了明确要求，L 校博士学位论文要求博士生独立研究完成，要求对教育理论知识有所贡献，还需要体现教育学科与其他相关学科的联系。博士学位论文可以使用质性研究方法，也可以使用量化研究方法，或者混合研究方法。完成博士学位论文的时间高度个人化，取决于研究问题、研究方法、博士生个人以及导师的指导。[1] R校博士学位申请人应在本门学科上掌握坚实的基础理论和系统深入的专门知识，具有独立从事科学研究工作的能力，在科学或专门技术上做出创造性成果。[2] 两校博士生对于一篇优秀博士学位论文的看法表现出相似性（见表4），其中，研究问题、理论与方法、数据、研究结论和创新性等是博士生共同关注的几个方面。

表4　博士生认为优秀博士学位论文应具备的要素

美国 L 校	中国 R 校
原始数据	精彩的故事
有意义的研究问题	真命题
适当的研究方法	有支撑作用的材料
创新	合适的理论与方法
有意义的结论	关注现实
知识贡献	一手资料
对实践产生影响	创新

1. 选题

一般来说，学科的规则性语境越强，博士学位论文的选题范围越窄，学科的关联性语境越弱，博士生自己决定选题的概率越大。[3] 综合对博士生的访谈，我们发现，博士生在选题上呈现出几种不同的类型：一类是与导师的课题相结合，在导师的课题组一边完成课题研究任务，一边发展出自己的博士学位论文；一类是博士生对导师的研究领域或课题感兴趣，自愿加入，

---

[1]　摘自 L 校研究生手册。

[2]　摘自 R 校研究生手册。

[3]　托尼·比彻、保罗·特洛勒尔：《学术部落及其领地——知识探索与学科文化》，唐跃勤、蒲茂华、陈洪捷等译，北京大学出版社，2008，第 142 页。

并在导师的指导下选择一个具体的问题进行深入研究；一类是基于自身的兴趣选择论文题目，导师在论文写作过程中给予理论或方法上的指导；还有一类博士生由于目标不明确，始终找不到研究兴趣。比较而言，本研究中的美国博士生在论文选题上更多地以兴趣为导向，因为"没有人愿意花那么长时间去写一个你不喜欢的题目，那会很痛苦的"（Jack 语）。Golde 的研究显示，只有不超过 10% 的博士生认为他们对自己的博士学位论文选题是不感兴趣的。[①] 中国的很多博士生由于不明确自己的研究兴趣，在选题上表现得比较迷茫。跨学科读博的胡永征是本研究的 R 校中国博士生中最晚确定论文选题的，他说：

> 胡永征：我最开始想写一个题目，中途变了，想换关于另外一个主题，后来觉得写不下去，又回来，去写现在这个问题，所以很晚才开始真的动笔写东西。
>
> 我：你为什么会觉得写不下去呢？
>
> 胡永征：我觉得第一我的选题没有选好，题目不适合做，没法做，或者说题目本身就不是个真命题，没法做，太大了，不可操作。
>
> 我：你认为论文完成过程中最大的挑战是什么？
>
> 胡永征：就是选题错了，做不下去。这个头就是错的。当时老师建议我选另一个题目，与我之前的学术背景相关，我没有接纳，现在觉得很后悔，因为如果是这个题目的话至少还可以写，但我现在这个题目，太空了。

① C. M. Golde, T. M. Dore, *At Cross Purposes: What the Experiences of Today's Doctoral Students Reveal about Doctoral Education* (Philadelphia: The Pew Charitable Trusts, 2001).

万事开头难，而一旦"这个头就是错的"，博士生的论文写作过程将十分艰难。杨丙路认为："写博士论文最关键的就是兴趣，有几个我身边的（博士生），写到最后，越写越难，到最后终于把博士论文写出来了，发誓今后再也不会研究这个问题了。"部分博士生经历了写作过程的痛苦，对论文选题产生了强烈的抵触情绪，这种负面情绪甚至有可能消磨学术研究过程中的灵感，继而影响博士生对学术研究的热情。覃传文坦言，一入学就确定一个研究方向，这个对博士生的前期准备等各方面的要求是很高的，他认为大多数的博士生是没有做好这个准备的。发现一个有意义的问题是一种能力。正如蔡恒西所说："同样一个问题，在你看来是问题，在别人看来不是问题，所以你怎么去发现问题，这是一个能力。"杨丙路的一段总结我认为道出了很多博士生因为选题而困惑的原因：

（如果）你目标不清晰，读博的时候，你就会迷茫究竟该做些什么呢？该关注些什么呢？怎么去规划三年的生活呢？会非常地迷茫，导致我当时就想赶紧毕业，再也不想写论文了。这种状况可能也是因为之前我对我为什么要读博，我能做些什么，我打算达到一个什么样的目标，没有一个清晰的规划，和这个是有关系的。

2. 方法论

不同研究范式在方法论层面表现不同，研究者通过不同的方法发现和认识事物，具体到一篇博士学位论文，指的就是研究者通过哪种哲学视角，选用什么理论和具体的研究方法来开展研究。Creswell 等人的研究表明，学生的方法论倾向将影响他们对于课程的选择、对于指导委员会成员的选择以及他们论文的形式和结构。[①] 本研究中的美国博士生在论文写作过程中重视方法和结论，理论方面比较薄弱。理论功底除了依靠日常的课程训练，还需要博士生的积累与反思，博士生对生涩理论的理解通常有一个循序渐进的过程。中国的博士生也存在理论基础薄弱的困惑，在和蔡恒西交谈的过程中，他提到了为理论而理论的现象：

> 我看过一些博士论文，基本就把我们专业里几个比较显眼的理论全放进去，最后谈的问题跟理论相关不大，完全是两张皮。

理论基础可以为论文提供一个基本的分析框架，为研究者的理论创新提供一个起点和抓手，是十分必要的。但正如蔡恒西所说，很多博士生一味追求理论深度，或者套用某些理论，而忽视了论文中更有意义的部分。宁准在完成论文后就意识到了这一点：

> 我对我论文的深度觉得不满意。其实在写的过程中我一直想专注于理论的应用，反而把论文本身的价值，就是

---

① John W. C., Gary A. M., "Research Methodologies and the Doctoral Process," in L. F. Goodchild, K. E. Green, E. Katz, R. C. Kluever, eds., *Rethinking the Dissertation Process: Tackling Personal and Institutional Obstacles*, New Directions for Higher Education, 1997 (99), p. 46.

有意义的东西给砍断了，都去掉了，因为这些东西跟理论都没有关系。可见（理论）限制了我对这个事件的分析。

美国博士生花费大量精力学习研究方法，从定量研究的统计模型到质性研究的文字处理软件等，五花八门。Cindy 告诉我，她主要学的方法都是一些"现在研究者很爱用的、很新、很酷、很炫的模型，好像你会用这些就显得你水平很高了似的"。在中国，关于研究方法的问题有过一些争议，学术界长期存在着科学与人文的分隔及其争论，体现在不同研究方法论的论战和分野：一极是惯常用定量方法的研究者，一极是擅长用定性方法的研究者，有的定性研究者批判定量研究"只见数字不见理论"，而某些定性研究被调侃为"建筑在沙滩上的房子"。实际上，定性和定量研究都有自己的哲学基础、特性和技术，这使得他们适合于某些研究而不适用于另一些研究。[①] 针对博士生研究中"为了方法而方法"的现象，蔡恒西认为："这个问题我本来可以用我的方式说清楚，如果你用定量分析出来的都是一些基本常识，我就觉得没必要了。"他认为，方法要以问题和目的为对象，"研究这个问题，什么方法最适合，没必要为了迎合趋势一定要做什么，而是基于你自己的研究问题"。

3. 数据收集

本研究中的博士生都认为，一手的原始资料是博士学位论文创新的前提，新的数据资料可以在新的领域范围内对理论进行检验或者推衍，体现新的研究价值。本研究的两所学校中，

---

① 闵维方、丁小浩：《重视研究过程和方法的规范化》，《北京大学教育评论》2005 年第 1 期，第 35～37 页。

做定性研究的博士生收集到了对研究有用的一手数据，但收集和整理资料的过程也面临着经费短缺、持续时间长以及收集过程中涉及的伦理道德问题。在美国约人做访谈大多数时候是需要按小时付给对方报酬，为了保护受访者的个人隐私，研究者在访谈之前一般需要和受访者签订书面的保密协议；中国的学术规范受到了社会文化的影响，习惯通过各种社会情感发挥社会交往规范功能，中国博士生在没有充足的研究经费的情况下，大多需要通过朋友、同校或同乡等各种社会关系寻找适合的访谈对象，在访谈之前通常口头承诺予以保密。也正因为此，当博士生的研究问题比较敏感的时候，一些受访者会产生抵触情绪。宁准在访谈过程中就遇到过此类现象，由于话题比较敏感，有的受访者谈到一半就中止，或者干脆拒绝接受访谈。做定量研究的博士生要想独立地收集一手数据往往比较困难，他们大多是加入某个科研项目中，直接运用该项目的数据。一些已有的二手数据对于量化研究也是必要的，这些数据通常可以通过网络、统计年鉴等方式获得。但不论是原始数据还是已有数据，都是有缺陷的。在部分统计数据陈旧、不完整、难以获得等相关方面，蔡恒西的看法比较有代表性：

> 我做研究需要的数据应该算是保密级的，就是你拿不到的。即使你有数据，它也是不完整的。因为这个行业，除了极个别大城市的大公司有数据，其他很多地方的数据是没有的。要是有数据的话，不同口径的数据是不一致的。统计年鉴也能查到数据，但口径比较宽，我的研究不能用。还有些我们关心的数据，比如××公司的财务数据，但你

可能拿不到，各项成本支出是不公布的。如果你要是做定量分析的话，一定要考虑可行性。

4. 创新

从博士学位论文的写作周期看，美国博士生的论文写作时间较长，本研究中的美国博士生论文完成时间在 1 ~ 4 年不等，对于美国博士生而言，由导师设定最后期限（deadline）是保证他们完成论文的最有效方法，由于美国没有对论文完成具体时限做规定，很多博士生抱怨"战线"拉得太长。中国社会科学博士生论文完成时间相对较短，本研究的博士生论文完成时间为 2 个月至 1 年不等，在中国博士生教育 3 ~ 4 年基本学制的情况下，写作时间紧迫是博士生们反映的最普遍问题，而时间的紧迫性直接制约着博士生论文的创新性。

文科博士生的创新能力表现在对信息资料的新发现、社会现实的新解释、理论观点的新理解、分析问题的新视角、解决问题的新方法及思维方式的新变化等。[1] 芝加哥大学的 Hale 教授曾在美国大学协会第三届年会上发表了关于博士学位论文的演说，他认为博士学位论文的创新可以通过三种途径体现：一是发现的途径，即证实并宣布以前不存在的知识；二是裁定的途径，即判定关于一个疑问的许多争论中的某一个结论是成立的；三是反驳的途径，即通过证据证实一个有影响的结论的错误性。[2] 本研究中的博士生困惑于如何才能生产创新知识，根本

---

[1] 张国强：《论文科博士生的创新能力及培养》，《中国高教研究》2006 年第 6 期，第 17 ~ 20 页。

[2] Hale W. G. , The doctor's dissertation. The Association of American Universities（papers and discussions during the Third Annual Conference. Chicago：AUU，1902），p. 16.

原因还在于前期知识消费和知识整合阶段发展不充分，难以产生量变到质变的结果。蔡恒西告诉我："很多时候你自己以为的创新只是你的无知而已。"本研究中的美国博士生对于论文的创新比较自信，从美国博士生培养的总体过程来看，对培养环节的规范管理和质量监督在一定程度上为博士生社会化的完整性和知识创新提供了保障。中国博士生对论文的创新则表现出质疑，我采访的博士生孟筝讲述了一则在网络上流传的笑话：

> 关于"如何做红烧肉"的主题，本科生的回答是"把猪肉放进锅里炒熟即可"；硕士生会把这道菜的主料、配料及制作流程都详细地列出来；而博士生的答案则是厚厚一本书，书的第一章赫然写着：如何养猪。

孟筝引用的这则网络笑话用一种黑色幽默的方式，间接地讽刺了当前我国某些博士学位论文的繁琐冗长、言之无物且缺乏创新。

三　重要他人

重要他人（significant others）是心理学和社会学都关注的概念，由美国社会学家米尔斯（Mills）提出。在心理学上，重要他人是指在个体社会化以及心理人格形成的过程中具有重要影响的具体人物，重要他人可能是一个人的父母长辈、兄弟姐妹，也可能是老师、同学，甚至是萍水相逢的路人或不认识的人。顾明远从人的全面发展的角度加以界定，重要他人是指对个体自我发展有重要影响的人和群体，即对个人智力、语言及思维方式的发展和行为习惯、生活方式及价值观的形成有重要影响的父母、教师、受崇拜的人物及同辈群体等。[①] 吴康宁在米德的传统上，将重要他人作为一个泛化的概念进行一般意义上的界定，认为重要他人是指对个体的社会化过程具有重要影响的具体人物。[②] 对于博士生而言，创新知识生产是博士生专业社会化的关键阶段，在这个阶段对博士生产生重要影响的人，我们可以认为是博士生专业社会化过程中的重要他人，这个重要他人具有多元性，可能是博士生的导师、其他老师、同学、朋友或家人。

博士生和导师间联系的紧密程度随时间而变化，通常在做论文的初期和末期更为密切。[③] 在博士生论文写作阶段，导师无疑是一个重要角色，导师指导的方式和为人、导师的科研能力和水平、师生交流的频率等都是影响博士生论文完成情况的重要因素。通过对中美两所学校 R 校和 L 校的研究发现，作为博士生重要他人的导师，对博士生的论文产生了不同的影响，有些影响是正面积极的，有些影响是负面消极的。

1. 正面积极影响

在美国博士生培养过程中，完善的制度保障和结构化的训练过程保证了大多数博士生和导师的有效交流，导师通常扮演重要他人的角色。导师通过对博士生的日常督导、为博士生提供各种科研训练的机会、帮助博士生完善学位论文以及对博士

[①] 教育大辞典编纂委员会：《教育大辞典（第六卷）》，上海教育出版社，1992，第 462 页。

[②] 吴康宁：《教育社会学》，人民出版社，2000，第 244 页。

[③] 托尼·比彻，保罗·特洛勒尔：《学术部落及其领地——知识探索与学科文化》，唐跃勤、蒲茂华、陈洪捷等译，北京大学出版社，2008，第 143 页。

生进行经济资助等方式影响着博士生的专业社会化。

Nettles 等人的研究表明，有一个良师益友（可以理解为重要他人），对于社会科学的博士生完成学业有重要积极影响。[①]在美国，有三分之二的博士生表示，他们的导师就是他们的良师益友。在本研究中，大多数博士生都能在论文写作阶段得到导师及时而有效的反馈：

> Gigi：我的导师是我的主要指导者……我的导师能意识到什么对我是重要的，并能在重要的事情上及时给予我反馈。

> Lily：我的论文已经是第三版了，我的导师看了两遍我的论文，她帮助我修改，告诉我哪里应该删去，哪里应该调整，真的对我帮助很大。

> Deny：我认为我的导师做得最好的一点就是他几乎每天都在学校，我认为这是作为导师最重要的一点，我有问题的时候可以随时找得到他。

除了对论文的指导之外，一些导师还在物质和精神方面给予博士生强大的支持。在物质方面，Wendy 认为导师对他很重要的一点，是在他写论文的过程中缺乏生活经费时，导师用研究经费资助了他。蔡恒西也提到，导师有时候会适当多给他一

---

① Nettles M. T., Catherine M. M., *Three Magic Letters*: *Getting to PhD* (Pxix. Baltimore: Johns Hopkins University Press, 2006), p. 202.

些课题的劳务费，甚至会自己掏钱补助他的生活。导师的物质支持解决了博士生论文写作的后顾之忧，为博士生提供了安心的环境进行论文写作。除了物质方面，导师对博士生的鼓励和精神支持也十分重要，Mike总是在导师的要求下完成很多任务，导师对他经常提出比其他人更高的期望，有时候他感觉压力很大，但他将此视为对自己的激励。在我对Mike结束访谈三个月之后，我得知他荣获了全院唯一一名"优秀博士生"的荣誉称号，我想这和导师对他的严格要求和鼓励是分不开的。在很多时候，导师的支持和鼓励能够让处于写作瓶颈期的博士生顺利度过困难时期。当王斐程的论文写到4万字的时候，他感觉突然写不下去了，"就像有一点疲劳期似的……就觉得脑子一片空白，就很反感再写下去了"。他认为是自己的研究思路有问题，找导师讨论后，导师肯定了他的思路，并让他咬牙坚持写下去。他又通过几次和导师的讨论，终于顺利度过了这段瓶颈期："那段时间特别难坚持，挑战性很大。导师说你这样写没问题。然后就一直坚持写，其实导师当时还是挺给我信心的，他非常支持我。"

博士生在这个阶段从一个准研究者向初级研究者转变，除了获得知识和技能的提升以外，通过和导师的交流，他们对治学态度、学术道德和学术理想也有了更深刻的理解。在中国这样一个崇尚楷模文化、强调榜样作用的环境中，老师最重要的职能便是"传道"，其次才是授业和解惑，因此，导师对博士生的人生观、价值观等也产生了重要影响。对此，我们通过宁准的故事加以了解。

宁准认为在他读博期间，导师对他的帮助很大，关键是教会他如何在研究项目中做一个真正的学者。宁准所说的"一个真正的学者"指的是一种内心的公道和良知，他认为在和导师的交流中，自己的学术价值观发生了深刻变化：

> 以前做项目，我的目标就是完成它，没考虑过自己要坚持什么原则。但是现在做项目，我会更多地考虑到，这些事情到底对不对，至少我不会不顾被研究者的利益而发表自己的研究成果。我不会有违一个学者的宗旨，我会更多地考虑到被访者，或者是我做这个研究除了对我有益之外，对我的研究对象是否有利，这个很重要。
>
> 我的导师言谈举止会影响我。比如说我们的研究当中有一个比较敏感的群体，这样的人呢，在国家的法律下它是违法的，其职业会受到这个社会的、法律的以及来自家庭的各方面的压力，但是没有人会注意到这个群体的权益。但我们在做研究的时候，研究者是忠实于事实的，我只能说我研究到了什么，我发现了什么，我会说出来，在这一点上我认为我跟导师学到了一种态度吧。有一些定量的研究如果不真实的话，或者说有问题的话，这样的数据我们也不会用，我们只会根据自己的评判过后，觉得这个研究方法是经得起推敲的，我们才做大量的推广，如果经不起推敲，就算是联合国做的我也不信。

宁准认为，教师不仅仅是讲课，还应该是作为社会道德规范的一群人，宁准跟导师学到的一种"态度"，指的就是一种合乎道德的规范。

不论是物质还是精神层面，导师都在博士生专业发展、创新研究中扮演着重要角色。

2. 负面消极影响

师生之间的矛盾冲突会对博士生造成不同程度的负面影响。前面一章介绍了 Lina 和导师之间产生的矛盾，这种不和谐的师生关系极大地困扰了 Lina 的学习生活，导师成为了 Lina 不愿提及的话题，是影响到 Lina 整个论文写作过程的重要他人：

> 我被导师"抛弃"后，我的研究计划没有得到一个老师的指导，压力真的很大。你选择了一个导师，有时候没有问责，没有人站出来干涉，导师可以在任何时候扔下你，这不公平。没有人站出来指出这是不对的。有的时候，导师掌握并决定了你的命运……导师是守门人（gatekeeper），决定了你该往哪走，他们有时候不会考虑我们……如果我以后成为别人的导师，我绝对不会这样……

博士生能否顺利毕业主要取决于导师是否认可博士学位论文并同意答辩，而博士生在后续的职业生涯中也会与导师的声望联系在一起。Lina 的故事并不是特例，Lina 所在学院还有其他博士生也遇到过类似的情况，这样的事例在美国并不罕见，对博士生的学习生涯产生了极为负面的影响，是值得重视的现象。

相比而言，本研究中的中国博士生和导师之间未出现上述现象，但仍有一些不和谐的因素影响博士生的论文写作。以贾宇鸽的故事为例，她坦言自己不适合做学术，因为读博期间，她一直在导师的要求之下协助导师做课题，这些课题学术含量低，占用了她大量的时间，使她对博士学习产生了反感情绪。她和导师之间的这种"做课题—发工资"的模式，完全替代了导师对其学业和论文的指导。

3. 重要他人的多元性

导师是博士生专业社会化的关键性角色，但导师并不完全等同于博士生的重要他人，导师、同学、朋友或家人都有可能成为被博士生认可的重要他人。美国博士生经常会提及自己的指导者（mentor）和导师（advisor），Cindy 告诉我，mentor 的中文翻译叫良师益友，这是一个更广泛的概念，"但是如果说 my academic advisor，他就好像说是一种正式规定下的关系"。正如 Cindy 所言，博士生在论文写作过程中可能受到很多人的指导，而对博士生影响最大的不仅仅是他们的导师。例如，Wendy 认为他在密歇根大学的一个朋友对他的论文帮助很大，他们从拟定研究计划时起就保持着频繁的交流和讨论，他从朋友那里得到了很多建议。George 也认为他的重要他人是他指导委员会之外的一位 M 老师，他坦言自己并不喜欢和导师一起合作，因为他的导师很少给予他反馈，但 M 老师却和他志趣相投，通过和 M 老师一起做课题，他了解到了很多实践层面的信息，使他的论文素材更加丰富。

与美国相比，中国博士生的重要他人在多元性上表现得更加明显。中国博士生的指导模式比较单一，但随着学科间的融合与交叉，很多社会问题都要求多学科的协作，单一指导模式并不能适应这一变化，因此，很多中国博士生通过自己的私人关系网络得到了重要他人的帮助。林南通过课程结识了 L 老师，在她论文几次进入瓶颈期无法继续的时候，她通过和 L 老师的交谈得到启发，L 老师为她论文的顺利进行提供了关键性的建议。林南认为真正适合指导她写这个题目的是 L 老师，但因为学校没有所谓的"副导师"制度，她无法通过正式方式寻求 L 老师的帮助，只能凭借这种私人关系。蒋何宏是在一次国际学术会议上结识了某校的 N 老师，和 N 老师探讨起关于他博士学位论文的统计模型。在交谈中，N 老师详细通俗地解释了模型的基本原理，而在随后两人的交往中，N 老师成为了蒋何宏在研究方法上的主要指导者。在博士生的重要他人中，同辈的作用也很重要，无论是同辈伙伴，还是学生伙伴，他们之间处于平等的地位，而且相互支撑，并能获得共同的进步。同伴的指导是以彼此自愿结合、相互平等与信任为基础，通过对话、讨论等实践活动，实现促进专业发展的目的。公共管理学院的孟筝就是通过和同学 T 的紧密联系，在论文写作的整个过程中主要和 T 探讨，T 对孟筝论文的了解程度甚至超过了孟筝导师对其论文的了解程度，在这种互动过程中，孟筝对论文的认识逐渐深入。

研究发现，中国博士生的重要他人主要分为两类。一类是对博士生起到榜样作用的偶像性重要他人，主要是博士生的导师；另一类是博士生在日常交往过程中认同的互动性重要他人，包括博士生的同学、朋友，也包括博士生的导师。美国博士生在整个社会化过程中，师生间始终保持一种平等关系，导师对博士生起到榜样示范作用，而非精神偶像的作用，导师是博士生的互动性重要他人而非偶像性重要他人。

第五章　博士生专业社会化的阶段概述、要素分析及我国的特点

　　本书选取了中国 R 大学和美国 L 大学共 24 名社会科学博士生（即将或已经毕业的学术型博士生）作为具体的研究对象，运用深度访谈，辅之以参与式观察、文件资料收集等方式，通过对数据资料的编码，对博士生的专业社会化过程进行分析和解读。本书对博士生专业社会化进行了两个维度的概括。第一个维度是知识社会化，它涵盖了学生认知的发展和基于特定知识领域与范式的学科社会化过程，即学生从消费已有知识到生产创新知识的知识社会化过程；第二个维度是角色社会化，博士生从门外汉到内行人的过程伴随着博士生对专业角色的认同与承诺，实现从"高级学生"到"初级研究者"的角色转变过程。本书认为博士生专业社会化是知识社会化和角色社会化双重发展的结果。结合研究的发现，进一步将博士生的双重专业社会化划分为三个阶段，即作为一个学生的学科知识消费阶段，作为一个准研究者的缄默知识整合阶段，以及作为一个初级研究者的创新知识生产阶段。虽然博士生的专业社会化经历是非

线性、动态发展且个人化的，但在整个过程中，仍然有几个核心要素在各个阶段不同程度地影响着博士生的学习经历，它们分别是：博士生的角色认知、知识活动经验、导学关系。

一　博士生专业社会化的阶段概述

1. 专业社会化阶段一：学生与学科知识消费

这一阶段，博士生作为高起点的学生，围绕课程学习进行学科知识消费，接受学科规范，持较理想的专业角色期望。

（1）角色期望

美国以生源为本科毕业生作为博士生教育政策制定的基础和起点。博士生的专业社会化始于本科阶段，通过大量参与科研和博士生课程的机会，获得对博士生这一角色认识的直接经验，对专业角色有客观期待。受访的 Mike 本科时期接受了 Ronald E. McNair 学者项目的资助，他认识到自己喜欢学术研究，并发现自己"是一个比较质性的人"，"喜欢和人打交道并对事物做出一些有意义的解释"，并做出从医学院转到教育学院读研究生的决定。博士生先建立了不属于任何专业的自我认同，然后根据需要做出进一步的专业选择。在读博动机上，以学术驱动和理想驱动为主。调查显示，享受教学与研究、渴望教师工作方式、受导师鼓励、热衷于专业服务等因素是博士生以学术为职业选择的主要动机。若非较强的内在动机，大多数博士生恐怕都会在严格的考核、较高的淘汰率和过长的学习年限面前望而却步。

专业社会化之初，中国的博士生受到社会舆论和传统观念

117

的影响，对"典型"的博士或期望过高，或有着"古板"、"学究"等刻板印象，尤其对女博士有所偏见，称其为"第三类人"。与美国社会交往中平等的性别文化不同，中国传统的性别观念使得男性难以接受女性在文化、收入和地位上超过自己。读博动机不尽相同，博士在中国不仅是高级知识分子的象征，其附带的"文化资本"也直接影响了人们的发展机会、社会地位、经济收入，因此，中国学生的读博动机多元化，不乏受外在驱动选择读博。而内在动力的缺乏也对博士生的初期社会化造成一定影响，例如，学生对学业缺乏规划、研究兴趣不明确等。

（2）课程学习

知识是大学主要产品之一，系统的课程学习是作为新生对已有知识集中消费的重要环节。

美国高校长期以来针对课程"经典"还是"实用"、"科学"还是"人文"的争论，极大地推动了课程在实用性、学术性、多元性上的平衡发展，满足了不同学生的需求，课程总量大，课程学习以学生为中心，规范性与灵活性相结合。二战后，实用色彩淡化，美国研究型大学逐步强化各专业理论课程和研究方法课程，并为学生跨院系、跨学科选择课程创造有利条件，以应对知识生产模式的变化和与学科融合趋势。受访的 Lily 选择了全校开设的所有质化研究课程，她认为"质化研究有很多具体的方法和技巧，有的学院聚焦扎根理论，有的课程强调符号互动，有的课程民族志教得好"。教学与科研的紧密结合是另一显著特征，教师充分给予学生在学中做、在做中学的自由。严格的管理和考核保证了课程教学质量和效果。

研究发现，课程学习对中国博士生这一阶段的知识社会化作用不够显著，可能的原因有三点：一是课程设置以专业规划为导向，缺乏灵活性，学生须在规定时间修习指定课程，个性化的选择受限，蔡恒西谈到"课程在设置上未划分难度级别，且本、硕、博课程未打通，我有一门必修方法课，发现上课的学生来自不同专业，基础不一，对一些学生轻而易举的内容，另一些学生却听不懂，但又没有其他级别可选课程"；二是课程管理相对宽松，从课程大纲、课前阅读、课堂讨论到课后考核等环节欠缺完善的质量保障机制；三是教学与科研的分离，课程的实用性与针对性不强，当课程无法有效实现知识消费需求时，博士生发展出读书会、旁听等自主模式。

（3）导师导航

美国一项研究显示，65.2%的博士生认为研究兴趣的契合是选择导师的主要考虑因素。受访的美国博士生均表示，"我一定要在100%确定研究兴趣相契合的情况下才会选择其作为我的导师"。导师并非入学即确定，而是根据学生需要和问题导向逐步确定，实为"论文导师"。L校要求学生在第一学年末，基于学术背景和专长，选择除导师以外的两名本院其他老师和一名外院导师组成指导委员会，帮助学生拟定研究计划。导师个别指导和指导委员会集体指导相结合的制度是美国博士生教育的一个特色，它充分体现了美国博士生教育的人本理念，以学生为中心，集众家之长对博士生进行全方面的指导。学生在每1~2周举行的研究组会上，接受导师针对性的指导。组会用一种制度化的方式为师生学术交流搭建了正式平台，使导师对学生的指导常规化，保证了师生交流的频率和质量。

中国博士生培养实行导师负责制，即"师傅带徒弟"，学生入学即定导师，由导师对博士生的学习、科研、生活及品德等各方面进行个别指导并全面负责。总体上看，师生双方在这一阶段处于了解磨合期，导师在这一阶段主要对博士生进行宏观性指导，指导频率和效果因人而异。中国文化下的师生关系不同于美国师生基于契约原则的关系（师生对彼此的责任和义务十分明确，在日常交往中依照这些原则行事），中国的师生关系往往以"情"代"理"，学生怕给老师添麻烦、担心在老师面前露怯，往往错过了在必要时机获得导师指导的机会。部分学校逐步推行导师个别指导和集体指导相结合的模式，但受访学生反映，指导委员会发挥的作用不均衡、不充分。

2. 专业社会化阶段二：准研究者与缄默知识整合

博士生在这一阶段通过科研活动和师生互动获得新的角色认知，并不断调整角色定位，他们观察一系列被接受的行为模式，运用学习实践中的缄默知识，对行为做出相应的调整。

（1）角色调整

这一阶段，博士生逐渐明确作为一个准研究者的角色要求，并进行一系列角色调整，包括对角色的重新认识和定位、为专业角色选择合适的研究策略等。

受访的美国博士生在这一阶段将自我认识和对专业角色的认识相结合，逐渐找到在专业角色中的定位。受访的 Jack 针对这一问题说："研究什么问题非常重要，可能影响你整个学术生涯的发展方向，你必须学会像一个你即将成为的研究者一样思考这些问题。"和 Jack 一样，很多博士生都经历了从偏执到相对理智的调整和决策过程，最终明确了"我想做一些有意思而不仅仅是有用的研究"、"我的经验是不要太偏离自己导师的研究领域"、"我对优生学感兴趣,但读博期间我不做与此相关的研究,这个敏感而又矛盾的话题会给将来找工作带来很多困难"等诸如此类的观点。博士生开始使用"我是研究某某问题(领域)的"这样的符号用语来定位自己。在为角色定位寻找适合的研究策略的过程中,博士生对自身能力倾向的认识也逐渐清晰,通过理想与能力的理性权衡,他们明确了"我对数字背后人们的所思所想更感兴趣"、"我认为定性研究能够赋予事务更深层的理解"、"每当我获得丰富的数据,想到可以通过我的设计思路和统计技术得到一些有意思的发现,我就很兴奋"等认知。每个博士生都在学习过程中发展出了属于自己的缄默知识和应对策略。

受访的中国博士生在这一阶段通过直接经验逐渐获得了对专业角色的客观认识,突破了刻板印象中对"典型"博士生的看法,"我认为我是非典型性博士生"(既不古板学究,也不高深莫测)表明了角色认知的转变。博士生在角色调整和自我定位的过程中形成了两种模式:一种是保守模式,即以研究的可行性作为选择角色定位的首要考虑要素,淡化了自身的研究兴趣;一种是冒险模式,即坚持自己的研究兴趣,偏离导师的学术背景或缺乏研究的可行性保障。两种模式均不是最优策略,这与博士生最初目标不明确、自我认识不清晰不无关联。

(2)科研训练

这一阶段,博士生获得专业经验、提升学术能力主要是通过资格考核、参加学术会议、担任助教和助研、参加组会、发表论文、科研训练等途径来实现,这些经历并不像课程学习一样有统一的"教材"或"指导手册",博士生需要在自己的学习实践中领悟,继而形成一些能够有效指导行动的缄默知识。每个博士生的投入和侧重点有所不同,而每个博士生对缄默知识的整合程度决定了他们作为一个准研究者的综合能力。

美国高校为这一阶段学生的科研训练提供了较完备的院校支持,通过各环节的质量保障机制有效保证学生的学习效能,学生从中获得了结构化的科研经验,训练中重视过程淘汰,通过助研和助教的制度化安排有效提升博士生社会化程度,以学生为中心的研讨会等活动为学生提供了训练平台,完成从课程到研究的重心转移。比较而言,中国高等院校科研育人的支持环境有待提升,科研训练各环节缺乏有效的质量监控,当学生难以获得结构化知识活动经验时,便发展出较强的自主性,在经验中探索适合于自身的学习方式。这一过程中,博士生在同辈交流中获得情感认同和归属感,并意识到可以用一种非正式的、灵活的方式来达到正式结构的要求。不同博士生的知识社会化程度呈现显著差异。

(3)师生互动

英国教授 Becher 对学术部落文化进行了深入分析,认为不同学科文化有不同的价值观、行为规范和独特的学术任务,继而形成不同的人际互动模式。与自然科学依靠紧密协作、明确分工的团队合作模式不同,社会科学的师生互动更加个人化,具有松散性和协商性。

访谈美国博士生时发现,师生之间的有效互动通过制度加以保障。L校通过导师制和指导委员会相结合的方式,保障博士生获得全面指导,通过组会等课程形式,保障博士生通过正式渠道获得师生交流的机会，并得到有针对性的指导。在非正式交往过程中，博士生与导师形成了导学型、合作型和矛盾型三种师生互动关系。美国的人际关系呈现横向形态，交流的双方处于平等的地位，师生关系建立在双向选择的基础上，师生能够在这种互相选择的过程中履行各自职责、满足需求，继而保证了导学有效性和合作的可能性。同时，师生一方有权根据一定的程序变更指导关系，而一旦老师提出终止指导，被指导的学生往往处于被动的一方，合乎逻辑似乎比合乎人情更重要。无论在哪种关系模式下，师生的学术交往多于社会交往。

在与导师的互动过程中，中国的社会科学博士生与导师之间主要依靠非正式形式进行交流，形成了权威型、田园型和松散型三种不同的关系模式。中国的博士生教育实行导师负责制，导师一对一指导学生，对学生进行全面考核，导师对学生有主导、管理和示范的作用，对学生学业的关键环节具有决定权，多数情况下，师生间的关系主要取决于导师的指导风格。中国尊师重道的传统和人情社会的融合，使得师生间社会交往频繁，学生为老师跑腿打杂，老师对学生个人生活关爱有加，都是师生间关系密切的标志。

3. 专业社会化阶段三：初级研究者与创新知识生产

这一阶段，博士生逐渐顺应专业文化的价值取向，并调整自己的行为以符合这种价值取向。他们逐渐将自己从学院中独立出来，专注于研究问题，积极参与学术事务，像真正的学者一样，进行着创新知识生产的尝试。

（1）角色整合

这一阶段，博士生个体与社会角色、个性与社会结构之间的界限变得模糊，博士生的专业角色逐渐内化。

这一阶段，受访的美国博士生角色认知发生转变的最明显标志，是以某一领域特定研究范式的初级研究者自居，比如："我是一个擅长定量分析的研究者"，"我是一个家庭人口统计学者"，"我是一个质性研究者"。当博士生认为符合专业角色期待时，他们对自己有一个清晰的角色描述，同时将角色特性内化，"研究者"是博士生角色内化的标志，体现了他们从门外汉变成内行人的角色存在感，"质性"、"定量"、"人口统计"等定语表明了博士生对自身在学术领域和研究范式中的定位，这种学术倾向将影响到他们的整个学术职业生涯。当博士生以研究者自居时，他们通常对自己的学术能力和社会化程度较为自信，对专业角色的认同度较高。

专业社会化的主要成果，是一种恪守的专业承诺和对专业的认同感，以及相伴随的角色转变。受访的 R 校博士生在这一阶段对专业角色有了进一步认识，部分学生对自身具备的作为一个初级研究者的素质与能力比较认可，但仍有很多博士生对自己的专业社会化较为失望，博士生的专业社会化程度参差不齐，部分博士生对专业角色缺乏自信和认同感，比如："我真的不太学术"，"跟小时候想的那种博士生差距甚远"，"我写的东西没有成就感"。通过访谈发现，博士生的这些想法与自身目标感的缺失、管理过程的失效、师生关系的异化等不无关联，直接影响了博士生对专业角色的承诺。

（2）学位论文

通过前期课程学习和科研训练，博士生的专业知识与能力得到提升，逐渐建立起作为一个研究者的自信心，独立完成学位论文是对他们作为一个初级研究者的检验，创新知识生产被认为是一篇博士学位论文最重要的考核指标。

在学位论文撰写过程中，受访的美国博士生能够将自己的兴趣与研究的可行性相结合，针对研究问题运用适当的研究方法，注重在学术规范指导下保证数据资料的原始性和真实性，重视研究伦理，强调对创新知识的贡献。部分学生也反映了训练过程中过于重视方法的学习，理论基础成为论文撰写过程中的薄弱环节，"我会学习很新、很酷、很炫的模型，都是研究者很爱用的、流行的方法，好像你会用就显得你水平很高似的，但其实理论基础也很重要"。

中国博士生的论文写作周期相对较短，选择一个好的研究问题是论文成败的关键，许多博士生的教训在于，没有将选题与自己的学术背景和研究兴趣相结合，而一旦"这个头就是错的"，博士生在论文写作过程中将非常痛苦。部分博士生经历了写作过程的痛苦，对论文选题产生了强烈的抵触情绪，这种负面情绪有可能消磨学术研究过程中的灵感，继而影响博士生对学术研究的热情。在研究过程中，"为了理论而理论，为了方法而方法"是很多博士生感到无奈之处，因为缺乏制度性的保障，很多博士生在收集数据的过程中面临着诸多困难，但博士生在这一阶段表现出较强的自主性，通过各种社会情感发挥社会交往规范功能，利用个人关系网络解决上述问题，在这一过程中，研究伦理往往得不到重视，缺乏严格的伦理审查环节。论文撰写时间的紧迫性直接制约着博士生论文的创新性。

（3）重要他人

重要他人（significant others）由美国社会学家米尔斯提出，

指在个体社会化以及心理人格形成的过程中具有重要影响的具体人物。创新知识生产是博士生专业社会化的关键阶段，在这个阶段对博士生产生重要影响的人，我们可以认为是博士生专业社会化过程中的重要他人。

在美国博士生培养过程中，完善的制度保障和结构化的训练过程保证了大多数博士生和导师的有效交流，导师通常扮演重要他人的角色。导师通过对博士生的日常督导、为博士生提供各种科研训练的机会、帮助博士生完善学位论文以及对博士生进行经济资助等方式影响着博士生的专业社会化，在整个过程中，博士生与导师之间始终保持一种平等关系，导师对博士生起到榜样示范作用，而非精神偶像的作用，导师是博士生的互动性重要他人而非偶像性重要他人。重要他人的影响也包含负面影响，矛盾型的师生关系极易对学生社会化过程造成不利影响。

中国博士生在这一阶段表现出较强的自主性，他们通过建立在私人关系基础上的人际网络寻求帮助，因此，中国博士生的重要他人表现出更明显的多元性特征，导师、同学、朋友或家人都有可能成为被博士生认可的重要他人。林南提到："我通过上课结识了 L 老师，在我论文几次进入瓶颈期无法继续的时候，都得到了 L 老师的关键性建议。我认为真正适合指导我的是 L 老师，但因为学校没有所谓的'副导师'制度，我无法通过正式方式寻求 L 老师的帮助，只能凭借这种私人关系。"导师在这个过程中更容易成为博士生的偶像性重要他人，而较少地被认可为互动性重要他人，导师通常在道德精神上对博士生产生重要影响。宁准谈道："研究者应忠实于事实，而非忠实于现行的法律政策，不是法律说它违法了我就说它坏，我只能说我研究到了什么，我发现了什么，我会说出来，这点是我从导师身上学到的。"

二 博士生专业社会化的要素分析

1. 角色认知

社会学意义上的角色是指围绕特定身份，按照一定的规范表现出来的权利义务系统和行为模式，是人们对具有特定身份的人的行为期望。在博士生培养的过程中，角色是一个动态发展的概念，随着博士生专业社会化的过程逐渐展开，根据博士生所处的不同阶段而变化。本研究认为，博士生既是受教育者（学生），又是独立探索的研究者，在整个博士生培养过程中，博士生的角色变化体现为由一个高起点的学生，到一个摩拳擦掌的准研究者，再到一个尝试创新的初级研究者的转变。这一转变过程伴随着博士生对专业角色的自我认知，即他们对自己扮演什么角色，遵循什么行为准则等问题的自我意识，以及相应产生的符合主体意识的行为。博士生通过对专业角色的自我认知，从而明确了作为一名博士生的价值取向和行为规范，而博士生又在特定的文化语境中形成了符合一定文化特性和角色期待的行为模式。

本研究中的美国博士生通过本科和硕士阶段的科研尝试，在直接经验中较早地形成了对博士生这一专业角色的认识和预期，大多数博士生的读博动机以兴趣为导向。通过对培养环境的熟悉和入学初期的课程学习，博士生逐渐形成了对专业角色的理想期望，即"我想要做什么"，这一时期，博士生接触到大量信息，作为一个高起点的学生接受导师的指导。结束课程学习后，博士生通过和老师及同辈间的互动交流，获得了非正式的角色期望，他们根据所学的一系列被接受的行为模式调整自己的角色认知，开始考虑"我擅长并能够做什么"。作为准研究者，博士生学习并整合着各种知识和技能，通过参与专业活动及实践体验专业文化。随着对专业学习的深入，博士生逐渐将专业角色内化，开始思考"环境允许我做什么"的问题，博士生通过撰写博士学位论文的过程逐渐明确自己的研究能力倾向，找到自己的角色定位，像一个初级研究者一样尝试着创新知识生产。每一个博士生认知变化的轨迹都不尽相同，在这个过程中，他们各自所面临的困惑与问题都是不可复制的。

本研究中的中国博士生对专业角色的预期是传统观念、社会舆论和个人主观感受相结合的产物，博士生读博的动机多元化。博士生在入学初期及课程学习阶段，通过直接经验对专业角色获得了客观认识，调整了先前的角色认知和期望，作为受教育者的身份，积极主动地为获得知识和信息寻找途径和方法。在逐渐深入学习的过程中，博士生从一个关注知识掌握的学生转变为一个探索科研能力的准研究者，但多数博士生由于目标不清晰或跨专业学习的困难，对于自身的研究兴趣、研究方向和研究路径比较迷茫，在确定自身角色定位的过程中经历了漫长的自我探索过程。通过博士学位论文的撰写，博士生尝试着独立进行学术研究，通过各种挑战，具备了一个初级研究者的基本素质，但与此同时，博士生对于专业角色的认同度却不高，缺乏胜任角色的自信心。

本研究认为，角色的转变过程既源于博士生对角色的自我认知，也与培养单位对博士生角色的确认继而保障博士生在学习过程中获得环境支持有关。因此，角色在本质上反映的是一种博士生教育中的关系，即博士生是谁以及培养单位应该为博士生做些什么。博士生对自我的角色认知与环境对博士生身份的确认及提供的支持密切相关。

2. 知识活动经验

Tierney & Rhoads 认为学生的专业社会化存在着 6 组极维（Polar Dimensions），其中的一组为正式的社会化和非正式的社会化。① 正式的社会化维度是学生为了完成某些明确的任务而经历的过程，比如入学仪式、课程学习、综合考试、论文答辩等较为正式的形式；非正式的维度是学生的非结构化经历，比如通过和老师同学的交往获得对专业文化的不同认识。我们认为，博士生在结构化的培养过程中获得的主要是一种正式的社会化经历，这种正式的专业社会化既有博士生在集体活动中获得的共同认知，又表现出了博士生因个体差异性所产生的不同社会化结果。目前，中美两国都形成了各自比较系统的、结构化的博士生培养过程，包括课程学习、综合考试（中期考试）、开题汇报、论文研究等环节，体现出博士生培养的规范性和趋同性。但在不同的国家文化、学科文化、院校文化等深层结构的影响下，两国博士生培养过程的核心要素、交互关系和影响要素又有相异之处。

美国高校长期以来针对课程"经典"还是"实用"、"科

---

① Tierney William G. , Robert A. Rhoads, "Faculty Socialization as Cultural Process: A Mirror of Institutional Commitment," *ASHE-ERIC Higher Education Report* 93 (6) (1994): 26–33.

学"还是"人文"的争论，极大地推动了课程在实用性、学术性、多元性上的平衡发展，满足了不同学生的需求，课程总量大，课程学习以学生为中心，规范性与灵活性相结合。二战后，实用色彩淡化，美国研究型大学逐步强化各专业理论课程和研究方法课程，并为学生跨院系、跨学科选择课程创造有利条件，以应对知识生产模式的变化和与学科融合的趋势。课程的教学组织方式注重启发学生的独立思维，在学习的过程中注重教学与科研的结合，严格的管理和考核保证了课程教学质量和效果。博士生在这一阶段的知识活动主要是对已有知识的消费，而在后续的学术活动中，博士生则积极在个人经验中领悟缄默知识和技能，在整合这些知识的过程中提升学术能力。美国高校为博士生的科研训练提供了较完备的院校支持，通过各环节的质量保障机制有效保证学生学习效能，学生从中获得了结构化的科研经验，训练中重视过程淘汰，通过助研和助教的制度化安排有效提升博士生社会化程度，以学生为中心的研讨会等活动为学生提供了训练平台，完成从课程到研究的重心转移。在学位论文撰写过程中，受访的美国博士生能够将自己的兴趣与研究的可行性相结合，针对研究问题运用适当的研究方法，注重在学术规范指导下保证数据资料的原始性和真实性，重视研究伦理，强调对创新知识的贡献。

研究发现，课程学习对中国博士生这一阶段的知识社会化作用不够显著，可能的原因有三点：一是课程设置以专业规划为导向，缺乏灵活性，学生须在规定时间修习指定课程，个性化的选择受限；二是课程管理相对宽松，从课程大纲、课前阅读、课堂讨论到课后考核等环节欠缺完善的质量保障机制；三是教学与科研的分离，课程的实用性与针对性不强，当课程无法有效实现知识消费需求时，博士生发展出读书会、旁听等自主模式。中国高等院校科研育人的支持环境有待提升，科研训练各环节缺乏有效的质量监控，当学生难以获得结构化知识活动经验时，便发展出较强的自主性，在经验中探索适合于自身的学习方式，这一过程中，博士生在同辈交流中获得情感认同和归属感，并意识到可以用一种非正式的、灵活的方式来达到正式结构的要求。不同博士生的知识社会化程度呈现显著差异。在论文撰写的知识创新过程中，博士生很难通过有效的机制获得除自己导师以外的其他老师的帮助和指导，但博士生在这一阶段表现出较强的自主性，通过各种社会情感发挥社会交往规范功能，利用个人关系网络解决上述问题。

3. 导学关系

博士生的导师、其他老师、同学、朋友和家人，构成了博士生在学期间的实际指导网络。其中，导师是博士生最直接的指导者，是在正式的培养制度中对博士生进行指导的主要角色。可以说，博士生和导师的关系是博士生培养过程中最为核心的要素，也是对博士生专业社会化起到最关键影响的要素。其他人对博士生的指导主要通过非正式的日常交往实现。

美国博士生培养实行以导师与指导委员会相结合的指导制度，这种制度体现了美国博士生教育的人本理念，以学生为中心，集众家之长对博士生进行全方面的指导。师生之间的有效互动通过制度加以保障，并通过研讨会等课程形式，保障博士生通过正式渠道获得师生交流的机会，并得到有针对性的指导。在非正式交往过程中，博士生与导师形成了导学型、合作型和矛盾型三种师生互动关系。美国的人际关系呈现横向形态，交流的双方处于平等的地位，师生关系建立在双向选择的基础上，师生能够在这种互相选择的过程中履行各自职责、满足需求，继而保证了导学的有效性和合作的可能性。同时，师生一方有权根据一定的程序变更指导关系，而一旦老师提出终止指导，被指导的学生往往处于被动的一方，合乎逻辑似乎比合乎人情更重要。无论在哪种关系模式下，师生的学术交往多于社会交往。除此之外，博士生通过课堂、科研等平台与其他老师、同学和朋友获得了学术上的互动，并发展出了对自己有重要影响的互动性重要他人。

中国博士生培养实行导师负责制，即"师傅带徒弟"，学生入学即定导师，由导师对博士生的学习、科研、生活及品德等各方面进行个别指导并全面负责。总体上看，师生双方在初期相互了解磨合，导师在这一阶段主要对博士生进行宏观性指导，指导频率和效果因人而异。在与导师的互动过程中，中国的社会科学博士生与导师之间主要依靠非正式形式进行交流，形成了权威型、田园型和松散型三种不同的关系模式。博士生在知识创新阶段表现出较强的自主性，他们通过建立在私人关系基础上的人际网络寻求帮助，因此，中国博士生的重要他人表现出更明显的多元性特征，导师、同学、朋友或家人都有可能成为被博士生认可的重要他人。

与美国的指导委员会制度相比，中国的导师负责制或指导小组制具有欧洲的学徒式色彩，博士生在正式制度下接受导师的指导，导师的指导方式和博士生的个人自主性综合决定了博士生的专业社会化程度。

三 我国学徒指导模式下专业社会化程度的
个体差异性

特定学术群体组织及其学术生活的方式，与他们所从事的知识活动密切相关。按照科尔布、比格兰和比彻等学者对知识特性的划分，社会科学属于软科学，对应的是非严密知识领域，它可研究的范围比较宽泛，知识界限不清晰，注重定性和特殊性的分析，在提出论点时往往需要大量的资料铺垫。[1] 社会科学研究具有强烈的个人色彩，是一种典型的思想性、价值性活动，社会科学的博士生培养，主要是学生跟随导师学习研究问题的思路和方法，学习特点为个人性极强的自学方式，学习目标是创造极具个人特点的新思想、新理论、新观点。通过对中美社会科学博士生的比较，发现美国以制度化培养和结构化经验为主要特点，中国则体现为学徒指导模式，专业社会化程度的个体差异较大。

与美国师生关系的角色化、契约化、职业化的特点相比较，我国几千年来的师道尊严延续至今，学生在思想上依附老师，在人格上仰视老师，师生之间处于不平等的地位，这在博士生培养中也有所体现。博士生的导师是博士生学术道路上的"守门人"[2]，导师对博士生专业发展的各个环节起到决定性的支配作用，导师受学校委托，对博士生全权负责，从而对博士生培

---

[1] 托尼·比彻、保罗·特洛勒尔：《学术部落及其领地——知识探索与学科文化》，唐跃勤、蒲茂华、陈洪捷等译，北京大学出版社，2008，第 2 页。

[2] 学术守门人是指那些有权决定谁可以进入某个特定的研究领域或谁应该被拒之门外的学者。

养的各个环节具有决定权。我国实行博士生导师遴选制度，博导在我国既是一种工作职责，又是一种代表学术等级的头衔，在中国"权威思维"习惯的影响下，博士生在对待导师权威的态度上，多采取不持怀疑的尊重式学习。此外，博士生和导师之间地位的不平等还体现在博士生与导师之间的晚辈和长辈的关系，导师代行父母职权，一日为师终身为父，师徒如父子，在这种"家长制"的道德关系下，博士生和导师之间在生活中相互关怀，与美国师生以合作和契约为基础的互动模式比较，中国的师生互动以情感为基础，博士生有为导师跑腿打杂的道义考虑，导师也有关心学生生活的道德驱动，在一些和谐的师生关系中，这种"家长制"的道德关系被认为是博士生专业社会化的支持性环境。

我国博士生培养在整体制度设计上积极借鉴了发达国家博士生教育的模式，并结合我国实际，逐步在招生评价、课程改革、科研育人、学籍管理、国际合作、资源配置等方面实现了结构化育人体系。通过比较研究发现，我国社会科学博士生专业社会化程度呈现出较大的个体差异性，在博士生管理体系和质量监控机制不断完善的过程中，博士生的具体指导过程仍表现为导师占据支配地位的学徒指导模式。学徒指导模式是源于欧洲的指导模式，即师傅带徒弟式的一对一指导，学生的专业社会化程度极大地依赖于导师的指导方式、指导频率、学术造诣及学术道德。与美国的批量结构化管理模式所保证的最基本的博士生质量标准相比，我国的学徒指导模式可能产生低于基本要求"不合格"的博士生，也可能培育出高于一般标准的伟大发现和创造，不同的导师基于不同的风格指导博士生，使得博士生的专业社会化程度表现出极大的差异性，可能有的博士生认为自己学有所获，而另一些博士生却认为自己还"没摸到门"①。

学科文化决定了不同学科领域的博士生学习方式的差异，而在同一学科领域内，博士生的交往互动方式则受到了不同的人际关系文化的影响。本研究发现，中国博士生和同辈之间自发形成了一种支持性的文化，通过聚会、聊天以及互相倾诉等方式交流感情，相互鼓励，或依靠牢固的私人关系进行非正式的学术交流。"同辈群体"对于中国的博士生来说有多种意义形态，同一个学校不同专业的同辈可能扮演着朋友的角色；而同一个"师门"下的同辈群体，则更多地扮演博士生家人的角色，"师门"是一个有着中国特色的用语，其潜在意思就是在同一个导师的指导下，导师如父母，而导师指导的所有学生则亲如兄弟姐妹，"门"就是"家"，是指关起门来说自家话的人，同一个师门下，博士生之间除了日常情感交流外，在学术和工作上也相互帮助。这种自发形成的同辈文化大多数时候都促进了博士生的社会化发展，因为同辈群体是一种非正式群体，是博士生之间自由选择的，有强烈的心理认同，他们用属于自己的语言和交往方式进行交流，形成了独特的群体亚文化，群体成员之间地位平等，博士生个人的社交、安全、尊严、优越感容易得到满足，在互动过程中彼此互为参照对象，在比较中形成自我概念。

---

① "没摸到门"引用了研究对象江佳的话。

第六章　结语

　　我国博士生培养逐步在招生评价、课程改革、科研育人、学籍管理、国际合作、资源配置等方面探索新模式。世界各国博士生教育在培养制度上具有一定的趋同性，但在不同的国家文化、学科文化、院校文化等深层结构的影响下，各国博士生培养过程的核心要素、互动关系和影响机制可能具有相异性，甚至有"质"的差异。当研究者分别经历了中国和美国的博士生教育后，对这种差异的感受就会更为深刻，这种跨文化冲击能够加深我们对博士生教育差异的理解以及对我国自身博士生教育的认识。因此，本书在"专业社会化"的概念框架下，以中美社会科学博士生为对象，研究其习得学术职业必要的知识、技能和价值观的过程，揭示"制度同形"趋势下博士生培养的内在机理。

　　国内学者对博士生培养制度的研究，多数集中在宏观制度和政策层面，很少关注博士生教育的主体——博士生的成长规律、学习经历、生存状况和精神世界，博士生具体的学习过程似乎成了一个"黑箱"，他们的感觉、动机和认知等成为了沉默的符号。本书认为，通过主体性认知来了解制度是一种有效的途径，因为制度除了外显的法律规章以外，还包括形成于实践过程中的习惯和认知模式，就博士生培养制度而言，它除了指有关博士生培养的法律规章，更深层的博士生培养制度是师生在实践过程中沉淀下来的行为范式和认知模式。为了深入了解博士生的学习过程，理解博士生培养制度的事实，本书通过文化—认知这一符号性的文化视角，探讨了中美社会科学博士生的个人角色和专业角色认知、价值观念、看法态度、习以为常的知识以及不约而同的行为方式。

专业社会化过程具有学科差异性，社会科学博士生专业社会化多数情况是在一种个人化模式下进行的，但大体上，社会科学博士生在整个学习过程中都将完成两个维度的社会化。第一个维度是认知方面的知识社会化，即博士生基于特定学科领域和研究范式的认知发展，从一个从消费已有知识到生产创新知识的知识社会化过程。无论何种学科，它的知识积累、传递和发展在很大程度上都要依靠博士生教育来完成，博士生所从事的主要活动是围绕知识的活动，因此，知识社会化是博士生专业社会化的重要维度之一。第二个维度是社会因素的角色社会化，即博士生对专业角色的认识发展，以及博士生将个人角色和专业角色相结合的过程。在整个专业社会化过程中，博士生将经历从一个"高起点的学生"到"初级研究者"的角色转变过程，这一过程伴随着博士生对专业文化和价值观不同程度的适应、认同及承诺。这两个社会化过程是相伴随的，博士生知识的发展与角色的转变总是同时发生、相互影响的。

社会科学博士生的专业社会化在纵向上经历了三个明显的

发展阶段。第一阶段，博士生作为高起点的学生，围绕课程学习进行学科知识消费，接受学科规范、接受老师自上而下的导航和单向指导，对专业持较理想的角色期望。第二阶段，博士生通过整合从学科活动及师生互动的经验中习得的缄默知识，独立地为自己的研究做决策，像一个准研究者一样，逐渐摆脱学生气，更加明确自己的专业目标，并不断地对自己先前的角色期望与行为做出相应的调整。第三阶段，随着学习和研究活动的深入，博士生对自身有了更高的角色期待，他们重新建立自我概念，以更加独立的身份，像真正的研究者一样，专注于自己的研究问题和学位论文，从学术角度思考着对专业的认同和承诺，对专业领域的贡献以及如何促进自身以及专业的发展。博士生的个人角色和专业角色之间的界限变得模糊，专业角色逐渐内化。在博士生专业社会化的整个过程中，有几个核心要素在各个阶段不同程度地影响着博士生的学习经历，它们分别是：博士生的角色认知、知识活动经验、导学关系。不同的全国系统文化、学科文化、院校文化及专业文化将使这些要素以不同的形态影响着博士生的专业社会化过程。其中，博士生与导师的关系是博士生专业社会化的核心关系和关键要素。

特定学术群体组织及其学术生活的方式，与他们所从事的知识活动密切相关。社会科学属于软科学，对应于非严密知识领域，可研究的范围比较宽泛，社会科学研究具有强烈的个人色彩，是一种典型的思想性、价值性活动。社会科学的学科规制性和关联性较弱，与自然科学"实验室密集型"的团队合作学习方式相比，社会科学博士生则更多是个人化的学习方式，博士生主要跟随导师学习，其专业社会化主要在师生互动中进行。不同的人际文化、学科文化和院校文化下，将形成不同的管理理念、人际交往模式以及学科知识活动特点。本书通过对中美社会科学博士生的比较，发现在不同的文化—认知视角下，博士生的专业社会化呈现出不同的特征：美国以制度化培养和结构化经验为主要特点，中国则体现为学徒指导模式，专业社会化程度的个体差异较大。博士生之间自发性的同辈文化对博士生的专业社会化起到了情感和学术支持的作用。

本书认为，完善社会科学博士生培养制度既要充分考虑到博士生专业社会化不同阶段的知识活动形态和角色转变，还要基于自身的系统文化、人际文化、学科文化、院校文化和专业文化，针对文化—认知视域中体现出来的博士生专业社会化特征和培养制度特征，来制定有效的改善措施。

美国卡内基教学促进基金会第七任主席博耶认为，研究生教育需要进行一番革新，其目标应该要使学者从单纯关注科学研究走向更加广阔的学术。在其 1990 年发表的《学术反思：教授工作的重点领域》这一报告中，提出了这种"更广阔的学术"的内涵，即大学的学术应该包括四个方面，即探究的学术、整合的学术、应用的学术和教学的学术。博耶认为，博士生也应该培养多样化的学术能力。基于此，美国大学界陆续掀起了博士生教育改革的行动，例如"培养未来师资项目"、"研究生教育与科研训练整合计划"、"重新规划 PhD 项目"、"研究、教学与学习一体化中心"、"卡内基博士学位创新计划"等，旨在将博士生的学术发展和社会、经济、科学发展的需求相结合。当今的博士生被要求拥有更全面、更高水平的能力结构，博士生的学术专业的内涵也在发生着变化。本研究所关注的博士生专业社会化，也是在这种"更广阔的学术"的思想指导下，在强调探究、整合的学术专业的同时，也关注了博士生在应用的学术专业和教学的学术专业的社会化发展。

参考文献

中文部分

Maresi Nerad & Mimi Heggelund 编《博士生教育全球化：动力与模式》，李毅、张国栋译，上海交通大学出版社，2010。

爱德华·斯图尔特、弥尔顿·贝内特：《美国文化模式——跨文化视野中的分析》，卫景宜译，百花文艺出版社，2000。

伯顿·克拉克：《高等教育系统——学术组织的跨国研究》，王承绪等译，杭州大学出版社，1994。

伯顿·克拉克：《研究生教育的科学研究基础》，王承绪译，浙江教育出版社，2001。

伯顿·克拉克：《探究的场所——现代大学的科研和研究生教育》，王承绪译，浙江教育出版社，2001。

伯顿·克拉克：《研究生教育的科学研究基础》，王承绪译，浙江教育出版社，2001。

蔡学军、范巍：《中国博士生发展状况》，北京大学出版社，2011。

陈洪捷：《博士质量：概念、评价与趋势》，北京大学出版社，2010。

陈向明：《旅居者和"外国人"——留美中国学生跨文化人际交往研究》，湖南教育出版社，1998。

陈向明：《质的研究方法与社会科学研究》，教育科学出版社，2006。

陈学飞：《传统与创新：法、英、德、美博士生培养模式演变趋势的探讨》，《清华大学教育研究》2000年第4期

陈学飞：《西方怎样培养博士——法、英、德、美的模式与经验》，教育科学出版社，2002。

邓少华：《一份非典型性博士生生存报告》，中国社会科学出版社，2011。

国务院学位委员会办公室、国家教委研究生工作办公室编《博士生培养纵横谈》，河南大学出版社，1998。

教育部：《教育文献法令汇编》，1958。

克利福德·格尔茨：《文化的解释》，韩莉译，译林出版社，1999。

林语堂：《中国人》，郝志东、沈益洪译，学林出版社，1994。

刘献君：《发达国家博士生教育中的创新人才培养》，华中科技大学出版社，2010。

罗燕：《教育的新制度主义分析：一种教育社会学理论和实践》，《清华大学教育研究》2003年第6期。

斯科特：《制度与组织——思想观念与物质利益（第三版）》，姚伟、王黎芳译，中国人民大学出版社，2010。

泰勒：《原始文化》，连树生译，上海文艺出版社，1992。

托尼·比彻、保罗·特洛勒尔:《学术部落及其领地——知识探索与学科文化》,唐跃勤、蒲茂华、陈洪捷等译,北京大学出版社,2008。

吴康宁:《教育社会学》,人民出版社,2000。

谢桂华:《20世纪的中国高等教育:学位制度和研究生教育卷》,高等教育出版社,2003。

谢维和:《教育活动的社会学分析——一种教育社会学的研究》,教育科学出版社,2000。

徐希元:《当代中国博士生教育研究》,知识产权出版社,2006。

薛涌:《精英的阶梯:美国教育考察》,新星出版社,2006。

亚瑟·科恩:《美国高等教育通史》,李子江译,北京大学出版社,2010。

张英丽:《学术职业与博士生教育》,华中科技大学出版社,2009。

中国博士质量分析课题组:《中国博士质量报告》,北京大学出版社,2010。

周光礼等:《中国博士生质量调查——基于 U/H 大学的案例分析》,社会科学文献出版社,2010。

英文部分

Brim O. G. Jr. , Wheeler S. , *In Socialization after Childhood*: *Two Essays* (New York: Wiley, 1966).

C. M. Golde, T. M. Dore, *At Cross Purpose*: *What the Experience of Today's Doctoral Student Reveal about Doctoral Education* (Philadelphia: The Pew Charitable Trusts, 2001).

Nettles M. T. , Catherine M. M. , *Three Magic Letters*: *Getting to PhD* (Pxix. Baltimore: Johns Hopkins University Press, 2006).

Wulff D. H. , Austin A. E. , *Paths to the Professoriate*: *Strategies for Enriching the Preparation of Future Faculty* (San Francisco: Jossey-Bass, 2004).

Delamont S. , Atkinson P. , Parry O. , *The Doctoral Experience*: *Success and Failure in Graduate School* (London: Falmer Press, 2000).

Gardner S. K. , Pilar M. , *On Becoming a Scholar*: *Socialization and Development in Doctoral Education* (Stylus Publishing, LLC, 2010).

Merton R. K. , *Social Theory and Social Structure* (New York: The Free Press, 1957).

Lovitts B. E. , *Leaving the Ivory Tower*: *The Causes and Consequences of Departure from Doctoral Study* (Lanham, MD: Rowman and Littlefield, 2001).

Weidman J. , Twale D. , Stein E. , "Socialization of Graduate and Professional Students in Higher Education: A Perilous Passage?" *ASHE-ERIC Higher Education Report* 28 (3) (2001).

Tierney W. G. , Rhoads R. A. , *Enhancing Promotion*, *Tenure and beyond*: *Faculty Socialization as Cultural Process* (Washington, DC: George Washington University, 1994).

Anderson M. S. , *The Experience of being in Graduate School*: *An Exploration* (San Francisco: Jossey-Bass, 1998).

Smart J. C. , *Higher Education*: *Handbook of Theory and Research*

(New York: Agathon Press, 2002).

Brubacher J. S. , Rudy W. , *Higher Education in Transition: A History of American Colleges and Universities*, 1636 – 1976. (3rd ed.) (New York: Harper Collins, 1976).

Gardner S. K. , If It were Easy, Everyone would have a Ph. D. Doctoral Student Success: Socialization and Sisciplinary Perspectives (Ph. D. diss, Washington State University, 2005).

Meyer Heinz-Dieter, Rowan Brian, *The New Institutionalism in Education* (Albany: State University of New York Press, 2007).

Goodchild L. F. , Green K. E. , Katz E. , Kluever R. C. , *Rethinking the Dissertation Process: Tackling Personal and Institutional Obstacles* (New Directions for Higher Education, 1997).

Lucas C. J. , *American Higher Education: A History* (New York: St. Martin's Press, 1994).

Denzin N. K. , Lincoln Y. S. , *Handbook of Qualitative Research* (Thousand Oaks: Sage, 1994).

Denzin N. K. , Lincoln Y. S. , *Handbook of Qualitative Research* (2nd ed.) (California: Sage Publications, 2000).

Rudolph F. , *The American College and University: A History* (New York: Knopf, 1962).

Scott W. R. , *Institutions and Organizations* (California: Sage Publications, 2001).

Council of Graduate Schools, *Ph. D. Completion and Attrition: Policy, Numbers, Leadership and Next Steps* (Washington, DC: Author, 2004).

Tinto V. , *Leaving College*: *Rethiking the Causes and Cures of Student Attrition* (2nd *ed.*) (Chicago: The University of Chicago Press, 1993).

Polanyi M. , *The Study of Man* (London: Routledge & Kegan Paul, 1957).

图书在版编目（CIP）数据

社会科学博士生专业社会化研究／郑觅著． —— 北京：
社会科学文献出版社，2018.11
ISBN 978 - 7 - 5201 - 3527 - 6

Ⅰ.①社…　Ⅱ.①郑…　Ⅲ.①社会科学 - 研究生教育
- 研究　Ⅳ.①G643

中国版本图书馆 CIP 数据核字（2018）第 219305 号

社会科学博士生专业社会化研究

著　　者／郑　觅

出 版 人／谢寿光
项目统筹／任文武
责任编辑／王玉霞　李艳芳

出　　版／社会科学文献出版社·区域发展出版中心（010）59367143
　　　　　地址：北京市北三环中路甲29号院华龙大厦　邮编：100029
　　　　　网址：www. ssap. com. cn
发　　行／市场营销中心（010）59367081　59367083
印　　装／天津千鹤文化传播有限公司

规　　格／开　本：787mm × 1092mm　1/16
　　　　　印　张：9.5　字　数：107 千字
版　　次／2018 年 11 月第 1 版　2018 年 11 月第 1 次印刷
书　　号／ISBN 978 - 7 - 5201 - 3527 - 6
定　　价／78.00 元

本书如有印装质量问题，请与读者服务中心（010 - 59367028）联系